简单 困难

最困难的问题
总有 最简单的答案

[西] 阿兰·珀西 Allan Percy 著
陈慧瑛 译

Einstein
Para
Despistados

北京联合出版公司
Beijing United Publishing Co.,Ltd.

献给那些
懂得分清问题相对轻重，
并找到新方向的
平凡智者。

目录

前言 / 013

1. 悠游水中一世，鱼儿对水又了解多少？ / 018
2. 人类的终极问题不是原子弹，而是他的内心。 / 020
3. 最重要的是永远不忘提出质疑。 / 022
4. 未知是人所能经历的最美好的事物，是真实艺术与科学的泉源。 / 024
5. 记忆力可以增进傻瓜的智商。 / 026
6. 若不敢挑战理智，人类不会有任何新发现。 / 028
7. 偶然并不存在，上帝不玩骰子。 / 030
8. 每天我们懂得越来越多，知道得越来越少。 / 032
9. 遇上危机之际，只有想象力比知识来得重要。 / 034
10. 只有当我们关心别人胜过关心自己时，才跨出了迈向成熟的第一步。 / 036
11. 不要当成功的人，要当有用的人。 / 038
12. "坐在美女身边一小时，感觉好像只过了一分钟；坐在热熨斗上一分钟，感觉却像熬了一小时那么久。"这就是相对论。 / 040
13. 软弱的态度造就软弱的个性。 / 042
14. 若你没办法跟祖母解释清楚，那就是你根本还不懂。 / 044

15. 有两种生活方式：一种是相信世上没有奇迹，一种是相信一切都是奇迹。／046

16. 相信自己和别人的生命都没有意义的人，不但不幸福，连活下去都有问题。／048

17. 有一种动力比蒸汽、电力或原子弹的力量更大，那就是意志力。／050

18. 自命为真理与知识审判者的人，终因众神嘲笑而自惭。／052

19. 有动力却没有爱，是白费功夫。／054

20. 我不教学生，我只是为他们提供可以学习的环境。／056

21. 如果 A 代表人生中的成功，那么 A 等于 X 加 Y 加 Z，X 是工作，Y 是乐趣，而 Z 是把嘴闭紧。／058

22. 想象力远比知识来得重要。／060

23. 人类是所谓"宇宙"整体的一部分，是受时间与空间限制的一部分。／062

24. 地心引力可不是让人陷入爱河的元凶。／064

25. 我爱旅行，但讨厌到达目的地。／066

26. 宇宙究竟是善还是恶，是我们该下的重大决定。／068

27. 直觉是天赐的礼物，理性是忠实的仆人。我们创造

出的社会推崇仆人但忘了那份礼物。／070

28. 计算机迅速、准确却愚蠢，人类慢吞吞、不精确，却聪慧无比。两者相结合的力量无远弗届，远胜想象力。／072
29. 理论迟早会被经验所取代。／074
30. 人生就像骑自行车，想维持平衡就不能停下来。／076
31. 相信科学的人是最差的哲学家。／078
32. 唯一会干扰学习的，就是所受过的教育。／080
33. 人类应该不计一切代价地付出行动。／082
34. 疯狂就是反复做同一件事，却奢望会有不同的结果。／084
35. 单调孤寂的平静生活能激发出富有创造力的头脑。／086
36. 知识分子想尽办法解决问题，天才则是直接躲开问题。／088
37. 我没有天赋异禀，顶多是好奇心比别人旺盛。／090
38. 迈向素食是增加生物幸存可能性的首要途径。／092
39. 我花上好几月好几年在思索，十次有九次得到错误结论，只有百分之一猜对了。／094
40. 我们不能用制造问题时的同一水平的思维来解决问题。／096
41. 脑力的发展应该始于出生之日，终于死亡之日。／098

42. 提出新问题、新假设，从新角度切入老问题，为科学创下新里程碑。／100

43. 别期望别人带给自己幸福，因为他人不一定永远如你所愿。／102

44. 世上少有心口如一的人。104

45. 人人都懂得修整发型，却不懂得也该重塑自我。／106

46. 上帝总是选择最简单的道路。／108

47. 觉得自己与他人生活都没有意义的人，非但不幸福，连活下去都成问题。／110

48. 只有接受自己的界限，才可能超越。／112

49. 对我来说，敲锣打鼓的美德，倒不如沉静的恶习。／114

50. 没犯过错的人必定没尝试过新事物。／116

51. 不信神就是我的信仰，这简直快变成一种新宗教了。／118

52. 凡事讲求越简单越好，而不仅是简单些就好。／120

53. 对死亡的恐惧最没有道理，因为一旦死亡，就再也不必担心出意外了。／122

54. 我常想不透，究竟是我疯，还是别人才疯得厉害？／124

55. 若你想当伟大的科学家，每天花十五分钟，用跟所有朋友想法的相反角度去思考。／126

56. 大部分人相信，智力造就了伟大的科学家。人们错了，其实是性格使然。/ 128

57. 我的孤寂生活对年轻人来说可能很痛苦，但对成年人来说是一种快乐。/ 130

58. 最终我们都会得到应得的结果。/ 132

59. 真实艺术的特征是，创作者心中有股非完成不可的冲动。/ 134

60. 所有的科学都只不过是精炼过的日常思考。/ 136

61. 原创的秘诀在于懂得隐藏自己的灵感来源。/ 138

62. 我从不担心未来，因为未来总是来得很快。/ 140

63. 所有伟大且具启发性的事，都出于自由工作者之手。/ 142

64. 信息不等于知识。/ 144

65. 人类的价值不在于得到多少，而在于贡献多少。/ 146

66. 轻视小事的人不能担当重任。/ 148

67. 科学源自一分灵感和九十九分的努力。/ 150

68. 我们活在多可悲的时代！消除偏见比崩解原子还难。/ 152

69. 唯有尽心尽力付出的人才能掌控全局。/ 154

70. 在混乱中找到简朴、在同调中找到和谐、在困境中找到新契机。/ 156

71. 一组桌椅、一篮水果，再加上一把小提琴。人生夫复何求？／158

72. 一场发表会上，若听者都完全认同讲者所言，那就是一场无用的发表会。／160

73. 人类的最终课题在于扩展同理心，拥抱一切生物与大自然之美。／162

74. 我们应该抵制那些教导年轻人将成功奉为人生目标的人。／164

75. 从昨日获取教训、活在今日、期待明日。／166

76. 男人若可以在非危险驾驶的状况下亲吻女人，那是因为他根本没认真亲。／168

77. 人是追求利己，同时追求利益群体的动物。／170

78. 几乎所有行为都会影响全体人类生存，人类行为与群体动物无异。／172

79. 我没有比较聪明，我只是花较多时间与问题缠斗。／174

80. 有两种东西没有止境，一是宇宙，一是人类的愚蠢。而宇宙究竟如何，我并不确定。／176

81. 我会对自己提出幼稚的问题，然后尝试回答。／178

82. 宁可信其有，不可信其无，相信会带人找到可能性。／180

83. 面临逆境正是人们展现真我的时刻。／182
84. 当科技凌驾于人们的自然互动之上，愚蠢的时代便随之诞生了。／184
85. 一天至少一回，让自己有做梦的自由。／186

附录　阿尔伯特·爱因斯坦：一位人类学者的写照／191

前言

1905年被称为爱因斯坦奇迹年。当时,爱因斯坦只是在瑞士专利局工作的三级技术员,他陆续发表了三篇论文和一篇补述。在这几篇著名的论文中,留下了一句智慧箴言:"我们不能用制造问题时的同一水平的思维来解决问题。"

爱因斯坦就是以这样创新的思考角度,想象自己乘着光束飞行,帮助他打破在时间和空间上拥有绝对确定性的宇宙观。从令人惊异的观点出发,最后产生了相对论。

按照正常经验,在任何情况下,时间的流动都是一致的。时针走一圈所花的时间,无论在哪里都是一样的。然而,现在我们知道,时间与空间是相对的。若人能接近光速行进,神奇的事就会发生。这时,人的速度越快,时间走得越慢。因此,行进中的人身上的表,比静止中的人身上的表慢。这通则在任何形式的钟表上都适用,就连人的心跳也一样。

爱因斯坦的相对论挑战了我们对时间与空间的古老信念。究竟是什么让爱因斯坦能推导出这样的理论来呢？

在奇迹年，爱因斯坦发展出物理史上最著名的公式 $E=mc^2$，能量（E）等于质量（m）乘以光速（c）的平方。最后，它也成为最受欢迎的T恤印花图案。

这套公式应用在武器工业上，导致了毁灭性的结果。质量可以转化为一股巨大的能量。从这个想法诞生的"曼哈顿计划"，衍生出原子弹。爱因斯坦在这一计划中扮演着关键性的角色，但后续的发展却让他后悔了一辈子。原子弹首度试爆之后，他这样说："早知道会这样，我当初去当钟表匠就好了。"这段戏剧性的经历为他塑造了追求和平的性格，这样的性格在他晚年时更加表露无遗。

这位优秀科学家的贡献并不止于相对论。他对于光本质的看法，为量子力学发出第一弹。这套近代理论，对我们原本熟悉的逻辑和日常感官经验又将了一军。

深入量子力学的神奇世界中，我们立刻发现不可思议的事发生了——物体可以同时存在于不同空间中，外表实体存在的也可能与虚无缥缈同为一体。就像薛定谔思想实验中的猫，会处于生存和死亡的叠加态一样。这些悖论如同公案，将我们的心智结构完全拆解、推向令人困惑的情境，而只要再多走一步，就跨进了创造性思考的门槛。

对于科学领域不熟悉的读者，这些理论看起来令人难以理解，而且跟解决日常生活所面对的难题不太相干。然而，这本书里所介绍的内容，绝非艰涩难懂的科学知识。本书的主人翁堪称 20 世纪最具领袖风范的风云人物，不仅因为他在科学领域的贡献，更因为他那打破传统的思考与创新模式。

阿兰·珀西的功劳在于收集了爱因斯坦这 85 剂智慧胶囊，将之翻译转介为大众心理读物，用来看清问题的相对轻重、寻求答案，以最简单有力的方式活出自己的生命。

近百年来，人类史上经历了前所未有的巨变。因此，我们更应该谨记爱因斯坦说的这句扎心的话："疯狂就是反复做同一件事，却奢望会有不同的结果。"

索尼娅·费尔南德斯－比达尔 博士
Sonia Fernández-Vidal

Einstein

Para

Despistados

1.

悠游水中一世,
鱼儿对水
又了解多少?

人的一生，就是一部努力发掘自己的血泪史。若能摸清自己内心的真实感受，就能更客观地判断情况，做出明智抉择。意大利小说家兼科学文献学家苏珊娜·塔马罗（Susanna Tamaro）说："我们的心就像地球，有向阳面，也有背阳面。谦卑，然后去了解真正的自我。做这件事并不简单，甚至常常会带来痛苦。"

我们都有把问题往外抛的经验，把过错推到别人身上，不承认自己有过失。然而，如同席勒（Friedrich Schiller）所说："若想了解你自己，就观察别人的行为；若想了解别人，不妨观照你的内心。"别人就像一面映出自己的镜子，我们可以通过图书疗法或电影疗法来了解别人。故事角色让我们感同身受，对自己的经验有了更深一层体认，且免于身为当事人的痛苦。

邦妮·韦尔（Bronnie Weil）在她的书《临终前最后悔的五件事》（*The Top Five Regrets of the Dying*）中提到，临终的人最常说："真希望自己当年有勇气去做自己真正想做的事，而非选择了大家期望自己做的事。"所以，把恐惧摆在一边吧！何不听听自己内心深处的呐喊，去探知游了一辈子的水里到底有什么？

2.

人类的终极问题不是原子弹，而是他的内心。

爱是一种个人体验，而且绝对无药可救。爱是一种艺术，还需要加上纪律、耐心与同理心。为了爱，一个人应该注意自己每日的言行，并有所节制。

大家谈论很多关于企业就职、踏入社会或开始学业，等等，该如何才能成功的话题。却忘了，同样的心智与情感训练，可以应用在如何让人爱得更聪明一点。

与他人相处的模式也是一条通往自我认知的路，要学习接受自我。如同埃里克·弗罗姆（Erich Fromm）所说："在爱人、交付自己和了解他人的过程中，我发掘自我、了解自己、了解双方，进而了解人。"

耐心能让人建立强韧的关系，帮助我们乐于倾听，并且适时完全地翻转自己。爱是主动的，应该去感觉、去做，并去活出来。

爱因斯坦曾说，人人体内那一颗跳动的心，它的力量足以抵消外界千万吨的敌意和混乱。心就是赢得内在和平的最佳武器。

最重要的是
永远不忘提出质疑。

3.

柏拉图（Plato）和苏格拉底（Socrates）启发人们，对所谓的事实采取质疑的重要性。通过层层剖析各种意念和一连串提问，老师能在引导学生的过程中，让学生发现自己的矛盾之处。

关于这方面，爱因斯坦说："如果只给我一小时解决一道难题，且这难题的解答攸关我的性命，那我一定会先花五十五分钟找出恰当的问题。因为，只要知道关键点在哪，只花五分钟就能解决问题。"正确的提问，可以将所有的气力导向难题的根本解决之道。

鼓吹正向思考的心理学家韦恩·戴尔（Wayne Dyer）说："若你提问之前就已经知道答案，表示这个问题根本无法引导你自我成长和发掘自己。"

未知是人所能经历
的最美好的事物，
是真实艺术与科学
的泉源。

4.

著名科学家兼作家卡尔·萨根（Carl E. Sagan）在儿时就是个会对天文或恐龙等话题问个不停的好奇宝宝。从小父母在他的养成教育中，特别鼓励他保持好奇心。他说："我的爸妈都不是科学家，不懂什么科学。然而，打从我的启蒙教育起，父母就引导我保有怀疑精神，同时问我许多问题。他们等于教授了我两种思想方式，那也正是今日人们从事科学探究的两种基本方法。"

1939年的世界博览会改变了他的一生，当时他才五岁。看完展览令他眼界大开，发现世上有许多令人意想不到的奇观。

这个五岁的孩子爱上大自然的奥秘，他的胸中燃起热情，开始到图书馆去查找资料，想要了解这个世界。"我走进图书馆，借了一本关于行星的书。里头的内容简直令我瞠目结舌。原来太阳跟星星一样，只不过它距离比较近。星星就像太阳一样，只不过太远了，所以看起来只是个小光点。突然之间，世界的序列在我眼前展开。那简直是一种神圣的神秘宗教体验。那里面有一种伟大的、宏观的东西，一种从不曾远离我，我也绝对不会抛弃的东西。"

父母帮助他从阅读、参观与游戏中，培养出好奇心，最后他发表了几篇文章而且出版了几本书。数年来，萨根一直大力鼓吹寻找外层空间高智慧生物，并致力于搜寻地外文明计划（SETI）和全球性温室效应等方面的研究。

5.

记忆力
可以增进
傻瓜的智商。

我们无法像丢掉抛弃型抹布一样抹灭过去，因为那等于消灭自我经历。然而，原谅过往伤痛并从中得到疗愈，是让现下的自我沉淀并继续走下去的基石。

特蕾莎修女（Mother Teresa）说："饶恕是一种选择，而非感觉。当我们饶恕对方，就不再感觉受冒犯，不再有敌意。选择饶恕，你的心灵会获得平静，对方也是。"

根据佐治亚医科大学钱卓（Joe Z. Tsien）教授团队的一项关于遗忘的研究，随着年龄增长，人们不但越来越难以学习新知，也更加难以忘却过去。也就是说，头脑失去了删除旧信息、把注意力放在新信息等过滤功能，旧档案一直未删，因此足以储存新记忆的空间所剩不多。

这份研究成果是通过高龄老鼠做的实验，令研究人员吃惊的是，这些老鼠的海马回 NMDA（N-甲基-D-天冬氨酸）受体（与学习、记忆有关）似乎仍能运作，它们可以保留暂存的新记忆，然而，要削弱它们的长期旧记忆几乎不可能。对研究人员来说，这是一种预料之外的不正常现象。

据钱卓教授说，他们观察到的是，如果脑中只加强神经元的突触，从不试图消除那些显然已经年久无用的信息干扰，问题就大了。最终，只能面临储存新知的能力萎缩。

若不敢挑战理智，
人类不会有任何新发现。

6.

人遇到问题时，倾向于寻求"合理的"解决之道。习惯依循旧有的思考模式，也就是重复之前大脑回路已经走过的路线。这是垂直思考。然而，爱德华·德·波诺（Edward de Bono）在1967年出版了《横向思维》一书，他在书中阐述了这种人们不常使用的思考模式。

横向思维能让人以不同角度切入任何经验或挑战，谋求新的解决之道。要发展这项技能，有以下四个步骤：

1. 验证假设。
2. 提出恰当的问题，从大方向提问到极细微之处。
3. 从不同方面，以创意性的角度观察事物。
4. 运用逻辑。

根据波诺的说法，有两种发展水平思考的技巧。其一，不断思考以利于从不同角度看问题；其二，把问题拆解成不同部分，分开来一一解决。

发展横向思维的两道经典谜题如下：

- 安东尼和克丽欧佩特拉死了。两人倒卧在一栋埃及别墅的地板上，身旁有一个碎裂的容器。两人身上都没有伤痕，也未被下毒。究竟发生了什么事？

    解答：安东尼和克丽欧佩特拉是两条鱼，鱼缸被打破，鱼就死了。

- 有一位男士参加了晚宴，喝下了当晚全场来宾一起享用的鸡尾酒。他提早离开，没发生什么事。然而，当晚其他宾客都中毒身亡。这究竟是怎么回事？

    解答：毒药掺在鸡尾酒的冰块内部，在冰块融化之前的酒，尚未被毒素所污染。

偶然并不存在,上帝不玩骰子。

7.

我们听过多少次"偶然并不存在"这句话？精神科医师卡尔·荣格（Carl Gustav Jung）在他的精神分析研究中，提出"共时性"理论。

根据这个理论，两件事情同时发生必然有其富含意义的关联性。人们的"自我"就像一座座岛屿，人们习惯于从自己的角度看自己、看事物，对于海底下还潜藏着无数相连的岛屿毫无所知。

根据荣格的说法，集体潜意识是由各自独立的个人潜意识组合而成的，每个人都属于其中。

由于我们并非全面地独立，因此当冥想或做梦时，我们会进入自己的潜意识，并觉察到集体潜意识。

在现实世界中会被解释为偶然或似曾相识的征兆、巧遇或事件，都是这联结和集体的实像表现。

当一个人往前进展时，他周围的一切会像时钟般随着他的动作运行。仿佛齿轮般一个推着另一个，不知不觉中，这些与外界的联结，同时引导并指引我们前进的方向。

如果我们懂得爱因斯坦说的"没有一件事的发生是偶然的"这句话的道理，就会更了解世界，懂得解读出许多暗藏在日常生活中的征兆和运行轨迹的信息。

每天我们懂得越来越多，知道得越来越少。

8.

哲学家兼演说家克里希那穆提（Jiddu Krishnamurti）强调，想要悟出任何事物本质，不可或缺的是自由。那些能累积的东西，例如钱或知识，不会带来自由。美德不会有所局限，但其他所有累积而来的东西却会。

"智慧是一回事,知识是另一回事。知识由经验累积而来,是经验的延续,也就是记忆。经验累积是一个持续的过程,每次的经验都是在加固这个过程,每次的经验又建构了记忆,供给它养分……这一切构成了我们的心智,也就是思想。思想就是这么累积而来的,结束它,才能够让新事物有地方可容身。"

知识、智慧和真知有什么不同?针对这个问题,印度灵修大师奥修(Osho)回答,它们有质量上的不同,知识是相信别人的经验,所有的知识是跟别人借来的,智慧则是个人经验的累积。然而,真知不是借由累积而来,因为人人每一刻都处在变动之中。不要累积经验,无论是别人的还是自己的,都要致力于导引自我成长。智慧累积了几世纪的尘埃,知识摆荡在过去之中,然而真知却永远是新鲜的。

"知识跟智慧一样都可以被消灭,它们可以从你的头脑或心智中删除得一干二净。然而你无法叫头脑消灭你的真知,因为它不是累积而来的,它并不是头脑的一部分。所有可累积的是存放在脑袋中,然而,真知是你个人的一部分,这个无法被删除。你无法将佛陀洗脑,因为祂自己已经先将头脑清净了。他不做累积的工作,只活在当下。活着,并且成长。若活着并增长知识,那是智慧。若活着并达到个人成长,这就是真知。不是活着,却仍累积着,那是知识。"

因此,奥修认为,人真正的丰盛是真知。"像个镜子一样,没有累积而来的东西,只活在当下,单纯地反映眼前所有的一切。"

"老人或许充满智慧,年轻人或许满腹学识,然而,唯有小孩子是真知。这就是耶稣说的,唯有那些像小孩子一样的人可以进天国。若你像小孩子一样,充满新鲜感,没有过去的介入、没有偏好的答案……只要清空自己。那么,你的内心将会受到觉知的震撼。"

9.

遇上危机之际,只有想象力比知识来得重要。

面对生活中的难题，想象力是我们最强有力的武器。每个逆境都是带来改变的契机，推着我们站起来再进步。求进步的必要工具是创造力，无论是个人还是集体的方式。

唤醒沉睡在内心里的孩童，能够让我们在原以为无法可解的窘境中看到另一片视野。具创造力的成人能够以敞开的心胸和弹性寻找困境的解决之道。内心里的孩童通常只会在面对复杂艰巨的挑战时，才会被唤醒，然后着手开始新的工作。

马苏德·哈萨尼（Masoud Hassani）就是个活生生的实例。他出生于阿富汗，直到五岁前都在喀布尔生活。长大之后有幸能够远行出国开眼界，然而刻骨铭心的童年回忆却带着他回到了卡萨巴（Qasaba）这个地方。

在哈萨尼童年成长的乡下，小孩子们会自己动手做些小玩具，靠风力滚着玩。当他在荷兰的埃因霍芬设计学院交毕业作品时，这段回忆成为灵感来源。他设计出比童年玩具大二十倍的粗制道具，可以用来解决不人道的地雷问题。"在阿富汗，孩子们不曾与埋地雷的人为敌，却会在乡间游玩时被地雷炸伤。这让我决心想做点儿改变。"

他的粗制道具可以一面滚动一面引发地雷爆炸，完成任务后即成为碎片。这个道具的设置非常简单又经济实惠，即使损毁也不成问题。

10.

只有当我们关心别人胜过关心自己时,才跨出了迈向成熟的第一步。

维森特·费雷尔（Vincente Ferrer，1920—2009）原先隶属于耶稣会，离开之后成立了费雷尔基金会，其主要工作是针对印度穷苦阶层提供人道协助，该基金会服务已超过两百万人次。

根据他的说法，"人心分为两边，一边比较爱自己，一边比较爱大众。这颗爱大众的心是永远存在的向导。它常对你说：'做对的事！'它总是处于火力全开的运作状态。假设爱自己的那一半边比较强，会让人犯下很多错误。"这位耶稣会前成员相信："行动就是无声的祷告。善行涵盖了所有哲学、意识形态、宗教……这世上没有一项善行会消失。在世上的某个角落，善行总会继续下去。"费雷尔认为："你当志愿者自以为是来拯救人，到头来会发现你是在拯救自己。"

同样在印度，特雷莎修女以八十七岁高龄辞世，过了誓愿服务众人的一生。她创立了仁爱传教会，为成千上万有需要的人提供帮助。1929年，在一趟前往大吉岭的旅行之后，她感受到圣召，甘心奉献一生照顾穷人。

她与其他修女不但誓愿守贫、守贞和服从，而且舍身奉献给穷人，不求任何回报。这些修女说："有时我们会觉得正在做的事，只是大海中的涓滴，但倘若没有这一滴，大海岂不是就少了一滴？"

不要当成功的人,
要当有用的人。

11.

低音
unitedbass

北京联合出版公司
Beijing United Publishing Co., Ltd.

经管

写作课：何为好，为何写不好，如何能写好

作者：[美]艾丽斯·马蒂森
装帧：精装·32开
书号：978-7-5502-9562-9
定价：60.00元

- 《出版人周刊》《图书馆杂志》《洛杉矶书评》《大西洋月刊》等多家媒体好评如潮，欧美文坛多位作家联袂推荐。
- 书中包含大量对真实作品的深度剖析，兼具趣味性、文学性和实用性。

经管

学会提问·实践篇

作者：[日]粟津恭一郎
装帧：精装·32开
书号：978-7-5596-0328-9
定价：39.80元

- 沟通过程的制胜转折点往往是一个"优质提问"！
- 提升"提问的品质"，不仅能使你自己，也能使与你有关的所有人的人生变得更加丰富多彩。

经管

记忆的常识：脑科学告诉你如何有效记忆

作者：[日]柿木隆介
装帧：平装·32开
书号：978-7-5596-1311-0
定价：39.80元

- 我们如何记忆，又因何遗忘？
- 日本脑研究领衔专家阐明记忆的构造与锻炼法！全面辨析十余种激活大脑、有效记忆、提高效率的方法！

经管

重启：打破思维局限的问题解决术

作者：[日]坂田直树
装帧：精装·32开
书号：978-7-5596-1407-0
定价：49.80元

看似"不可能解决"的问题，其实都有解决办法！只要跳出思维舒适区与思维局限，重新启动自己的大脑，一切皆有可能！

社科

大门背后：18世纪凡尔赛宫廷生活与权力舞台

作者：[美]威廉·里奇·牛顿
装帧：精装·32开
书号：978-7-5596-1723-1
定价：56.00元

- 一部凡尔赛宫廷生活史，就是一部法国社会变迁史。
- 繁华背后，一场文化与思想的演变正在悄然孕育。

社科

和食：日本文化的另一种形态

作者：徐静波
装帧：精装·32开
书号：978-7-5502-9834-7
定价：88.00元

- 尊重自然，体现材料的真味；饮食为媒，以"和食"观"和魂"。
- 严谨的文献依据结合考古成果与亲身经历，深刻而不晦涩，生动而不枯燥。

社科

道歉的力量

作者：[美] 艾伦·拉扎尔
装帧：精装·16开
书号：978-7-5596-0303-6
定价：60.00元

- 获美国出版者协会"心理学专业与学术出版荣誉奖"。
- 7种需求、4个环节、2种动机，全面解析道歉的奥秘，指引读者掌握道歉的技巧。

科普

宇宙之美：从大爆炸到大坍缩，跨越200亿年的宇宙编年史

作者：[法] 雅克·保罗
　　　[法] 让-吕克·罗贝尔-艾斯尔
装帧：精装·16开
书号：978-7-5596-0941-0
定价：168.00元

- 200个里程碑讲述宇宙从诞生到终结的宏大史诗。
- 200幅美到窒息的天文照片和艺术作品。

科普

月亮：从神话诗歌到奇幻科学的人类探索史

作者：[美] 贝恩德·布伦纳
装帧：精装·32开
书号：978-7-5596-0255-1
定价：60.00元

- 一部优美绝伦的月球文化史。
- 从文化视角切入天文知识，用诗意方式温柔科普。
- 近百张来自珍贵典籍、博物馆藏的插图，展现月亮在神话、诗歌、科学、科幻等领域中的丰富意涵。

科普

潮汐：宇宙星辰掀起的波澜与奇观

作者：[美] 乔纳森·怀特
装帧：精装·32开
书号：978-7-5596-1028-7
定价：80.00元

- 美国国家图书奖得主、博物学家彼得·马修森领衔推荐。
- 文化史、海洋研究、旅行文学融而为一，自然律动与历史变迁繁复交错。改变你对地球、海洋、天空的认知，巡礼浪潮之巅的人类文明。

文化

书法没有秘密

作者：寇克让
装帧：精装·32开
书号：978-7-5596-1024-9
定价：98.00元

如果你想入门书法，想聆听前辈书家的习字心得，想了解书史长河中的流派演变和熠熠群星，甚至是想选择最适合自己的笔墨纸砚，本书都能提供给你想要的答案。

文化

李叔同

作者：苏泓月
装帧：精装·32开
书号：978-7-5502-9328-1
定价：68.00元

作家苏泓月以洗练的文字、诗意的笔法、翔实的史料，以及对真实人性的洞悉和悲悯，生动地刻画出李叔同从风流才子到一代名僧的悲欣传奇。

生活

别让不懂营养学的医生害了你

作者：[美]雷·D·斯全德
装帧：精装·16开
书号：978-7-5502-6973-6
定价：45.00元

《纽约时报》最佳健康畅销书。营养学的革命性经典著作，教你恢复疾病已经带来的致命性破坏。10余年一线实践经验，1300余例核心医学杂志临床实验，更新你的观念：健康不能光依靠医生与药物，更要靠自己。

生活

与身体对话：终结疲惫的自疗启示录

作者：[美]瑞秋·卡尔顿·艾布拉姆斯
装帧：精装·16开
书号：978-7-5596-0837-6
定价：88.00元

你觉得疲惫吗？你在忍受慢性疼痛吗？你正经历抑郁和焦虑吗？雄踞《纽约时报》畅销榜首的医学权威联袂推荐；告别疲惫、失眠、焦虑、抑郁的绝佳方案；身体的语言才是值得我们信任的真相。

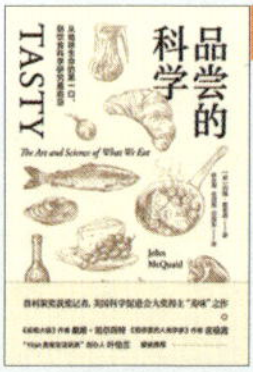

生活

品尝的科学：从地球生命的第一口，到饮食科学研究最前沿

作者：[美]约翰·麦奎德
装帧：平装·16开
书号：978-7-5502-9993-1
定价：49.80元

· 一本有关人类味觉的奇妙物语，你将比想象中更了解自己。
· 吃货文化的高配定制图书，没有哪本书能像《品尝的科学》一样为你展现"我们吃的不是食物，是科学"。

生活

吃土：强健肠道、提升免疫的整体健康革命

作者：[美]乔希·阿克斯
装帧：精装·16开
书号：978-7-5596-1168-0
定价：90.00元

· "飞鱼"菲尔普斯的保健医生、美国著名自然医学专家兼临床营养学家前沿之作。
· 美国亚马逊疾病类图书畅销榜首。
· 颠覆"杀菌有利于健康"的传统思维，普及"脏一点儿更健康"的全新理念！

生活美学MOOK：《班门》

木之纹　砼之色　铁之温　石之形

装帧：平装·16开　定价：42.00元/册
书号：978-7-5502-7574-4（木之纹）
　　　978-7-5502-8628-3（砼之色）
　　　978-7-5502-9331-1（铁之温）
　　　978-7-5502-9600-8（石之形）

(2016)

方　圆　线　角

装帧：平装·32开
定价：58.00元/册
书号：978-7-5596-0568-9（方）
　　　978-7-5596-0595-5（圆）
　　　978-7-5596-1287-8（线）
　　　978-7-5596-1518-3（角）

(2017)

这是一套能走到人的生活中去的美学杂志。关注令人焦躁的时代速度下，那些"慢下来"的平淡生活、手工技艺、艺术之美与命运莫测。当你进入这扇"门"，逐个阅览这些方块字的时候，它将显示自己安神的效果。

时代在改变，价值观也随之而变。以目前的危机年代来说，团结与谦卑的特质，在人类最终幸存与演化的过程中就显得更加重要。相对地，几十年前较受重视的特质则是意志力和上进心，因为那是在社会和职场中成功的关键。

每个人通过教育和生活环境学习到他的价值观，价值观会影响个人行为、所下的决定、意志和优先级，甚至于生命的意义和目标、生活方式以及对待他人的态度，等等。如此一来，价值观虽然是通过学习而来，却可以决定我们的个性。

通过对1010位西班牙人所做的问卷调查结果显示，以下是目前比较受重视的特质。

1. 真诚（42%）
2. 正直（20%）
3. 高尚（6%）
4. 善良（5%）
5. 友善（5%）
6. 和蔼（3%）
7. 忠诚（2%）
8. 尊重（2%）
9. 谦恭（2%）

想要在社会上功成名就，该好好培养这些特质，让别人能在自己身上看到这些。

"坐在美女身边一小时,感觉好像只过了一分钟;坐在热熨斗上一分钟,感觉却像熬了一小时那么久。"这就是相对论。

12.

心理时间与时钟上显示的时间不同，那是主观的、依个人情况而定。那就是我们所感知的时间，无法以量化显示。

古埃及人和古巴比伦人最早开始计量时间，他们观测天象并据此设定月份季节。即使现今我们拥有最先进的装置来计算时、分、秒，时间的快慢对每个人来说也并不一致。因为，真正负责调整时间的，是我们的大脑。

大脑运作的方式是这样的，它会储存激动人心的新事件，同时过滤并忽略那些寻常事物。我们觉得时间过得快或慢，其实是由正在遭遇什么样的事所决定的。

根据《科学网》杂志的数据，寻常生活会让时间过得比较快，假若改变一下生活习惯或平时走的路，会让大脑神经细胞发生新的联结，因此，会让我们感觉时间变慢了。

正因为如此，我们童年时光里的时钟走得似乎比较慢，因为当时我们正在不停学习新的事物。之后，随着年龄增长，一切似乎变快了，仿佛我们的时间沙漏快漏光了。时间对所有人来说是一样的，但怎么过却掌握在我们手上。想要让一天、一小时或一分钟过得慢一些，就别用老方法做事，变更一下作息，为自己打开那扇通往新鲜惊奇的大门。

永恒停驻于现在。

13.

软弱的态度造就软弱的个性。

人们倾向于重视能力胜于态度，时常将一个人的才干或能力看得比他的工作态度还来得重要，其实这是错误的看法。

人生来所拥有的能力，无论是体格上还是智力上的，都可以随着时间而增强。然而，引导人如何在生活中下决定或成长的，是态度，而非能力。

哈佛大学的一项研究显示，有百分之八十五的人认为能够达成目标要归功于自己的态度，只有百分之十五的人认为要归功于自己的能力。结论是，想要梦想成真，正确的态度不可或缺。面对人生，拥有正面积极的态度能带来能量和资源，迎向所有困难挑战。这样建设性的态度让人富有行动力，支持人完成所有计划。

良好的态度加上能力，就能产生最佳效能。

14.

若你没办法跟祖母解释清楚,
那就是你根本还不懂。

以清晰肯定的说话方式沟通，是在现今社会成功的要素。没办法做到这点便会产生混淆、误解，造成无尽的麻烦自然也就不足为奇了。

改善沟通方式的要点如下：

1. 学习肢体语言：人的沟通不仅靠话语，手势也扮演着重要角色。
2. 笑：真正的微笑不仅展现在唇上，也会绽放在眼中和声调中。
3. 注意用词：避免使用带有敌意或限制性的负面词语，例如"不可能"或"困难"，等等。
4. 用提问代替肯定句：邀请听众分享你正在陈述的主题，以此吸引对方的兴趣，并且帮助对方发现其内心的想法。
5. 因地制宜，适应环境：人和环境都会改变，要懂得保持柔软。让自己的言语和态度融入所处的环境。
6. 正面思考：在演讲或准备说服别人之前，自己要先相信自己想宣扬的概念。在你开口之前，别人已经能感受到。你若自己相信，别人也会相信。
7. 避免自我中心：想要引起别人的兴趣，就别表现出一副自以为是宇宙中心的样子。聊聊与自己无关的有趣话题，多关心别人，尤其是困扰别人的难题。
8. 记住人名：记住别人的姓名，还有兴趣，等等。当你这么做，对方会感激你，对你产生亲切感，也更容易开启话题。

15.

有两种生活方式:
一种是相信世上没有奇迹,
一种是相信一切都是奇迹。

每天的生活中处处都有精彩之处。生命本身在宇宙中就是一大奇迹，将范围缩小来看，每天光是睁开眼就是值得称颂的幸运时刻。

莎拉·班·布瑞斯纳（Sarah Ban Breathnach）在《简单富足》（*Simple Abundance*）一书中，鼓励读者通过感官用心感受寻常生活中在我们周遭的一切。

按照作者的说法，除了触觉、味觉、嗅觉、听觉和视觉，我们也应该学着去相信直觉，增强对周遭发出惊奇赞叹并产生崇敬之心的天赋能力。

书中以一年中的每个月份为章节，引导我们来一趟感官之旅。以味觉为例。"来一颗贵得吓死人的高级巧克力球怎么样？……慢条斯理欣赏这颗选中的巧克力球外观，巧克力被小心翼翼包装在小袋子中像个珠宝似的。将包装打开，假装自己不知道这是什么东西。闻一闻，用手指轻拂那圆弧的外形、几何的图案。把它咬碎，别囫囵吞下。"

至于视觉方面，她留给读者一项很特别的作业，"在黑暗中散个步。学习通过夜间的视觉感知这个世界。就在这个礼拜选一个冷冽清明的夜晚，选择你认为安全的地方散个步。如果想要找个伴儿与你一同观赏，可以邀请好友，如果你养狗，这个伴儿当然也可以是你的狗。观赏夜晚如何降临，如何从傍晚转变成黑夜，天色如何从铁灰色变成深蓝色，最后转变成如煤炭般的深黑色。"

强化与刺激感官，我们将不再对生活周遭的一切美好奇迹视而不见。

相信自己和别人的生命都没有意义的人，不但不幸福，连活下去都有问题。

创立"意义疗法"的维克多·弗兰克（Viktor Frankl）说："人的一生就是由一连串独特机会组合而成的，为了最终达到某种意义。"

每个人的生命意义各具特色，没有一定准则，人人应该致力寻求自己的生命意义。以下是几项可以帮助我们达到目标的要点：

1. 无论结局是好是坏，学习面对并承担事情的结果。只要学习到这次的经验，并继续向前面对新的挑战。
2. 不论喜恶，衡量所有状况。这些都会带你寻找到自己的人生意义。
3. 发掘自己的天赋或才能，哪些是自己的强项、最爱做什么、什么会让自己感到幸福。因为，这些能描绘出你究竟是个什么样的人。
4. 当自己命运的主人，承担自己的决定和行为的后果。
5. 做些相反的事。做些户外运动，也在房中独处；享受同伴，也享受孤独；尽兴地玩，也不忘休息。
6. 不要停止学习。人是一种永远在进化中的动物，永远在成长。
7. 别去想别人会说什么。追求自己的信念，不管别人说什么话。只要记得，那些大发明家和开创者，起初也都被当作疯子看待。
8. 别怕犯错。所有的发明都是经由不断的试验和错误而来。最经典的例子就是爱迪生（Thomas Alva Edison），在成功找到合适的灯丝材料之前，他烧掉了成千上万根灯丝。
9. 练习深呼吸和静坐。专心于你正在做的事，观照内心，内在的声音会指点你该走的路和达到目标该有的工具。
10. 每天都献出最棒的自己。每个工作日都是实践小梦想的机会，众多有意义的工作日汇总起来就是完整的一生。

17.

有一种动力比蒸汽、电力或原子弹的力量更大,那就是意志力。

大部分人不知道，意志力不是与生俱来，而是靠后天练习培养的。

它是知与行之间的桥梁，是将意念化为行动，并且让梦想成真的关键。只要在日常生活习惯上有一些小改变，就能够强化我们的意志力。

根据芝加哥大学的一项研究，当面对弱点、对抗诱惑时，就足以练习和巩固我们的意志力，效果甚至超出原本所预料。做此强化练习时，研究人员建议不要同时设定太多目标。因为要忍住打开冰箱的诱惑，还要抗拒负面情绪、避免晚睡的坏习惯，同时要注意这么多目标，脑袋会短路的。

意志力的强化会呈现在个别的目标上。

以生理方面来说，面对棘手状况或困难挑战之际，效率专家建议维持体内的葡萄糖含量，一天吃五餐，每餐分量不宜过多，并随时补充水分。

自命为真理与知识审判者的人,终因众神嗤笑而自惭。

18

致力于传播科学知识的爱德华·蓬塞特（Eduard Punset）在一篇文章中指出，人的大脑有自动区分人我之别的功能，并且将很大的力气花在想象和预测上。这样的功能会在我们与别人之间产生隔阂与界限，以直觉恐惧为出发点，让我们对非我族类者保持戒心。

这些恐惧和偏见构成我们日常生活的一部分。这在球迷身上可以窥见，热爱自己支持的球队，对敌队深恶痛绝；极端的例子则是表现在对另一种性别或种族肤色的歧视上。

在生物学上，这种功能在任何动物身上都很常见。它用来画出领域界线并保护兽群。以人类来说，这种发自内心的直觉让我们判断来者为善类或非善类，然而这些判断通常并不怎么公平。

在运动竞技场上，当人在体力上奋力一搏之际，内分泌也同样会运作。人的身体和心灵都受影响，进而做出较冲动的反应。然而，人类应尽力追求更上一层楼。若是仅靠恐惧和直觉，人类便与动物无异。

唯有仰赖观察、分析，并凭着良心判断，才能让人类摒除已不需存在的这股冲动。

19.

有动力却没有爱，是白费功夫。

人在谈恋爱时会发现自己仿佛开发出全新潜能，突然能够吟诗作词、绘画歌唱。西格蒙德·弗洛伊德（Sigmund Freud）曾做出这样的定论，人类的存在是基于创造性的爱。也就是说，爱直接影响到我们的创造力与创新能力。

阿姆斯特丹大学一项研究显示，依照人心里爱或不爱，可以测量出创造力的程度高低不同。延斯·福斯特（Jens Förster）教授的团队表示，这样的状态有助于右脑思考的过程，抑制分析性的思考，增强创造力。

倘若爱能够助人发挥创造力，我们岂能让这种"如有神助的状态"仅限于罗曼蒂克的爱情。任何人若是热爱他正在从事的活动，一样也会发现自己的创造灵感涌现。这一神奇炼金术也可以运用在日常生活中，例如：

- 完成某项日常事务，将它除去日常琐碎事务的卷标。
- 与周遭的人们交际。
- 借由运动和任何一种学习，照顾我们的身心。
- 将计划以两倍速度提早完成。

若我们热爱自己所做的事，就能像爱因斯坦投入于研究理论时一样有热情，也就能将自己与他人的生活优化。

我不教学生，我只是
为他们提供可以学习
的环境。

20

数学家兼语言学家罗杰·尚克（Roger Schank）是教育界公认的恐怖顽童。他认为目前的教育纲要都是没用的东西，他的论点是教育应该以讲求实际和效用为第一要务。

他支持某种新教育系统，相信"学习是发生在当人想要学习时，而非当有人想要教的时候"。他解释说，许多教学中心所提供的环境跟自然学习的环境南辕北辙，每个孩子都是科学家，从一次次实验和错误中得到真正的学习。就像学骑自行车，我们是一次次从自行车上摔下来学会的，而不是借由阅读或背诵说明书学会的。

教育应该是为了求知的好奇心或寻求解答，是一种带有个人动机的自发性过程。因此，教授应该扮演的是导师的角色，能针对学生的疑惑提供引导的知识管理人。

对尚克来说，有需求才会有教育，教育应该遵守以下原则：

- 不考试，也不开必读的书单。
- 学生应该在现实生活中依个人专长，学习动手做东西。
- 应该设立更多短期专业训练班，实践比理论更为重要。
- 孩子们应该学习以独立或团体合作的方式解决问题。

21.

如果 A 代表人生中的成功，那么 A 等于 X 加 Y 加 Z，X 是工作，Y 是乐趣，而 Z 是把嘴闭紧。

有很多课程或工作坊教导我们如何正确又有效率地说话。然而，却没有地方教导我们何时该闭紧嘴巴。

话该说得恰到好处，字斟句酌，很多时候也该直接把嘴闭上。在爱因斯坦教导他的学生成功之道的方程式中，知道何时该闭紧嘴巴也是一大要素。

无论在私人领域还是工作场所，说话节制是一种很重要的选择机制。同理心强的人懂得倾听与察言观色，仅在必要和对自己有利时开口说话。

倾听比说话能让我们学到更多。事实上，很多问题无法解决的症结是我们总是自认有理，而忽略别人的观点。

下面是几项学习闭紧嘴巴的建议：

- 苏格拉底曾说，若你准备说的话既没有建设性也不是正面的，最好闭上嘴巴（在现今时代也包括别打字）。
- 若你不确定说出来好还是不好，就不要说。日本人的建议是，该说的话留到明天再说。
- 在争论之际，深呼吸，开口之前仔细考虑。
- 得到解决问题的答案之前，首要的是倾听。
- 最佳的沟通成效是，拉长问题与答案之间的空间。
- 谈话中遇到对方提高音量的状况时，面带微笑保持冷静。
- 别一面听别人说话，一面想着怎么响应。要做到百分百的倾听。
- 等别人问你再说，别从头到尾主导整场谈话。

想象力远比知识来得重要。

22.

人人都有创造新观念和新方法的能力。这种能力名为有建设性的想象力，更为通用的名称是创造力。这种能力与生俱来，然而却会因为生活上的压力而闭塞不开。因此，我们应该多加练习。

以下是一些可以增进想象力的好习惯：

- 每天抽出一些时间，从事自己喜爱的工作。
- 追求自己的梦想，别因他人的负面想法而气馁。正面迎向新挑战。
- 每天运动，不但要动动身体，更要动动脑。
- 打破常规惯例，做些不一样的事。作息时间、出门往返的路线，或者三餐饮食都可以多些变化。
- 寻找并吸收新知，让自己沉浸在能带来灵感与刺激的讯息中。
- 放松自己。休息和运动一样重要，睡眠要充足，若有时间的话，每天静坐二十分钟用来净化心灵，消除烦忧。

教育家兼作家詹尼·罗达里（Gianni Rodari）说："无论你是平凡人也好，科学家或工程师也罢，都能拥有想象所带来的创造力。科学发展少不了它，理解艺术少不了它，它更是日常生活中不可或缺的要素。"

根据罗达里的说法，想象能让我们摆脱枯燥的日常生活，用不同的眼光看世界，"创造力相当于反骨思想的同义词，也就是说，要有胆识时时打破经验法则的旧框架"。有创造力的头脑是在不断工作、提出问题，在常人能满足的现况中仍然可以发现问题；在常人只会直觉感受到危险的境地，能淡然处之；能够独立思考判断（同时仍要尊重父母、师长和社会）；拒绝顺应潮流，不接受思想被集体操纵。这些特质都是能带人迈向创造力的过程。

人类是所谓"宇宙"整体的一部分,是受时间与空间限制的一部分。

23.

根据气功的说法,潜意识可以创造实相,甚至足以解决百分之九十以上困扰我们的问题。我们是全宇宙和能量场的一部分。对这部分抱持感知是控制我们心智与生活的第一步。

人人在任何地方都可以练习气功的静坐和招式,并且在过程中得以获致精力、平和以及清明的心境。

以下这个招式名为"托球",建议每天练习二三十分钟。

- 将双手放在肚脐下方三厘米处。
- 想象你的左右手上各有一颗球,右手那颗在上,左手那颗在下。
- 深呼吸,右手举高至下巴处。
- 心里默念:"我给宇宙,宇宙又给了我。"
- 再次深呼吸,右手回到原位,但这次是在左手之下。
- 重复默念那句话。
- 现在将左手高举至下巴,深呼吸,再次默念那句话。
- 左手回到原位,深呼吸,默念那句话。
- 重复这些动作,将注意力放在呼吸和字句上。在被能量充满的同时,你会感受到那两颗球可以自由地变化大小。

地心引力可不是让人陷入爱河的元凶。

24.

美国耶鲁大学社会心理学家罗伯特·斯坦伯格（Robert Sternberg）提出爱的三角理论。他指出爱情由三种基本成分构成：激情、亲密和承诺。激情是想要和另一个人在一起的欲望；亲密是能够在关系中分享彼此；而承诺是确信在这种关系中彼此相守不渝。

依照这三种成分的多寡，又可以组成七种不同的爱情如下：

第一种是友谊式爱情：只有亲密，没有激情和承诺。

第二种是痴迷式爱情，只有激情，没有亲密和承诺。

第三种是空洞式爱情，只有承诺，缺乏亲密和激情。

第四种是愚蠢式爱情，只有激情和承诺，没有亲密。

第五种是浪漫式爱情，只有激情和亲密，没有承诺。

第六种是伴侣式爱情，关系中的激情已然消失，然而还剩下亲密和承诺。

第七种是完美或理想式爱情，激情、承诺和亲密三种元素一应俱全。然而它也最难以维持，随着时间流逝通常会演变成上述的其他种类。

至于感受到爱情的初步特征为何，有人说，感觉到胸腹里有一股强烈骚动。其实，那是因为生理上的变化，是内分泌导致人有这样的感受。

在体内活动的过程中，可称为"爱情分子"的神经递质苯乙胺，从丘脑下部分泌出来，令人产生愉悦和幸福感，造成在爱情的初期常出现的盲目状态。

此外，五羟色胺和多巴胺也同时运作，让人在爱情初期阶段将注意力都放在渴望的对象身上。

这些元素调和出来的鸡尾酒就在人的血液循环中交互作用，但是它并不持久，随着时间过去，感受也会减轻。然而，还有第二种过程，由催产素运作，是人在高潮过后所分泌的，它会拉近爱侣之间的关系。

25

我爱旅行,
但讨厌到达
目的地。

旅行能让人扩展眼界，也能活化头脑。讲到旅游作家就不能不提到布鲁斯·查特文（Bruce Chatwin），他游遍阿富汗、希腊和非洲国家，旅途中写下许多随想札记，并通过信件寄回家，后来经由其妻子整理成书信集出版。

这位性别认同有些模糊的年轻人，最后成为20世纪著名的英国作家之一。他的所见所闻化为一篇篇令人叹为观止的文字。

他年轻时就开始在苏富比拍卖行工作，曾因为独到的眼力判别出一件毕加索（Pablo Picasso）的赝品，被公司擢升为印象派主任。虽然拥有稳定的生活，某一天，他却说出这句话："我要去巴塔哥尼亚了。"说完就丢下工作，开始一连串的旅行，脚步从未停歇，直到最后因病故才戛然而止。

他虽英年早逝，然而在笔记本里已为每一个足迹留下了见证。里面论及奴隶制度以及不同地区的原住民信仰等热门话题。浪迹天涯阅人无数，因而自称三言两语就足以清晰描绘一个人。

他跟爱因斯坦有些相似之处，查特文常自问："我留在这里做什么？"在标准的旅游魂中，终点根本不存在。永远蠢蠢欲动的是那颗想要出走的心。就像一名科学家，永远不会停止做实验。

我们在某方面都是永恒的旅人，旅途能否带来快乐，缘由是我们能否懂得从中享受乐趣。

26.

宇宙究竟是善还是恶,是我们该下的重大决定。

心理学家兼教育家贝尔纳韦·铁尔诺（Bernabé Tierno）在一次受访中曾说："我们的所作所为会作用到自己身上，因为行为会产生后果。"

我们应该学会享受每一刻，从正面的角度看事物，像野草一般坚韧有弹性。据铁尔诺的说法，"快乐就像是每个人为自己量身定做的衣服。以科学的讲法，就是一种生化机制，透过五羟色胺、多巴胺、去甲肾上腺素等神经递质在脑内作用。然而，以非科学的说法，快乐就是对自己的人生感到满意，了解生命的重要性，并且单单为了活着就值得庆幸"。

世上并没有能带来快乐的神奇魔药，大部分时候我们必须仰赖自己对环境的适应能力。面对同样的情况，每个人的解读与反应也不同。

古罗马哲学家爱比克泰德（Epictetus）说，我们的幸与不幸并非由发生的事件所造成，关键在于我们如何看待这些事。

针对年长者所做的许多问卷调查显示，那些活得长寿又快乐的人，通常是能够过得平静安详的人。

快乐的大敌是预设性的压力，让我们在坏事还没发生前，就让自己处于负面情况中。不可思议的是，百分之九十五这种预设性的坏事根本没有发生。

思想正面或负面决定我们的生活质量，包括我们对人生的希望。最近的一份研究显示，致力于正向快乐的活动，例如助人，可以减低约百分之三十八的过早死亡率。

直觉是天赐的礼物,
理性是忠实的仆人。
我们创造出的社会
推崇仆人
但忘了那份礼物。

27.

所谓的第六感人皆有之，就像体内的一只指南针为我们指引方向，帮助我们下决定。事实上，透过刺激和训练可以让第六感增强茁壮。以下是两种可以强化直觉的练习：

- **静坐**：每天静坐对于强化直觉非常有效，因为这项练习可以释放大脑的空间。许多心灵大师建议每天保持大约二十分钟静坐，就足以强化我们的直觉。静坐有许多的技巧，其中基本的要素是以舒适的姿势、保持脊椎直立、心平气和，将注意力放在呼吸之上。
- **观想**：另一项强大的练习是观想风景。练习方式如下，闭上眼睛，深呼吸。放松全身的肌肉，想象在两眼之间有一个点。想象一个能带给你宁静感受的风景，观察和注意它的每个细节，例如天空的颜色、植物、气味和声音等。然后慢慢深呼吸，回到原本的状态，这样回到日常生活中的你会更放松，并且充满灵感。

28.

计算机迅速、准确却愚蠢,人类慢吞吞、不精确,却聪慧无比。两者相结合的力量无远弗届,远胜想象力。

通过网络，我们今天只需轻轻按一个键，就可以跟全世界身在任何角落的人联系。笔记本电脑、手机、平板等不一而足。人们整天都保持在线。很多创业的人或接案工作者，靠着网络在家中即可设置行动办公室，从工作的角度来说实在是太方便了。但讲到从网络脱机，却是一大难题，恐怕很多人都做不到。

当务之急是学会适时关掉上网用的3C产品，每天固定休息几个钟头，周末更不用说，如此一来，才能让身体和大脑得到完全的休息。

我们会一直挂在网上无法脱机，主要的原因是他人已经习惯二十四小时可以在线上找到我们。重度依赖的结果是，根本无法想象为什么要脱机。

大部分的人回到家，准备好晚餐想要跟心爱的人聊一聊，也许看一部电影，然而这时手机开始响了，一大堆通知音效，通知邮件、社群网络的留言、来电，等等，没完没了。

以下是几项帮助脱机的建议：

1. 定下所有手机、平板和其他3C产品的关机时间，严格遵守。
2. 习惯在上班时间看信和回信，别人的答复等明天再看即可。
3. 假日应该多安排户外活动，别让任何人有机会传信息给你。并把那些3C产品留在抽屉里。
4. 出门用餐，享受没有手机干扰打断谈话的快乐时光。
5. 多花些时间在现实中与人接触，而非在虚幻空间中。

29.

理论迟早会被经验所取代。

人道主义作家何塞·路易斯·桑佩德罗（José Luis Sampedro）接受访谈时说道：时间带给他的最大收获是经验，因为"很少有一件事只有单面的一种角度。也许岁月留下的东西比带走的还要多。随着经验的累积，我把保持中庸当作一种重要元素"。他又说："生命包含一连串的变化，但有些疑问恒久不变。我认为教育是一切的基础。我讲过很多次的'我感觉，故我在'，与笛卡儿的'我思，故我在'并不相同。我相信情感是驱使人类一切作为的基本动力。随着时间流逝，我们变得理性，并且将情感披上理智的外衣，然而情感是我们与生俱来的一部分。"

谈到经历的重要性，马丁·艾米斯（Martin Amis）的自传刚好名为《经历》（*Experience*），书中谈到他和父亲，他嘲谑地提道，"总之，一切都是经验。一生之中得学的经验未免也太多了吧！"

善用经验，我们得以了解世界、了解自己，跟这位英国作家说得相反，对于经验，我们永远不嫌多。

人生就像骑自行车,
想维持平衡就不能停下来。

30.

史蒂芬·柯维（Stephen Richards Covey）的《高效能人士的七个习惯》（*The 7 Habits of Highly Effective People*）这本书，让"积极性"一词变得红火起来。就我们的理解，那是能够掌握自己的人生主控权，以有创造力的方式为未来应变，无论是下决心还是放手去做都出于自主，勇于承担自己行为所带来的责任或后果。

积极的人会为自己的人生与随之而来的事负责。每个人虽在遗传、社会和教育等方面的条件不同，然而做出行为之前，无可推诿地都是每个人自己做的决定。

面对人生中的各种状况如何做出反应，往往都是我们的个性在下指导棋。在一次又一次的决定之后，展现出我们的特质。

以下几项特质可以帮助我们辨识出积极的人：

1. 他对自己的人生和所作所为抱着负责任的态度。
2. 重视价值观胜于个人情感。
3. 有能力调整并且控制自己的欲望和感情。

然而，我们也不能把积极的人与工作狂或者社交生活高度活跃者混为一谈。一个积极的人并不会像个工作狂一样匆忙或冲动地做事，也不会自视甚高或自以为是，而是遵循着伦理道德等价值观行事。

一个积极的人意谓有勇气去行动，而非被动反应。

31.

相信科学的人是最差的哲学家。

几十年前，《柏拉图灵丹》（Plato Not prozac）的作者娄·马里诺夫（Lou Marinoff）博士运用哲学咨询，将哲学理论应用在生活中，分析和助人面对困境。

跟柏拉图和苏格拉底一样，马里诺夫运用对话来进行咨询，交换想法以发掘问题所在。此外，他也运用史上大思想家所留下来的话语来引导他的病人。

然而，在咨询之余，更重要的是行动。若你被鞋中的一颗石子所困扰，咨询可以帮助你克服并了解那种痛苦，然而却无法帮你除掉那颗石子。这得靠你自己来。

作者也说，哲学咨询是补助性的疗法。若病人有严重的心理混乱问题，仍建议接受心理医师治疗。

在为病人咨询时，马里诺夫会针对病人的过去进行分析，"人时常因过去而局限自己，过去也影响人看事情的方式。从这层意义来说，分析过去是有用的"。他建议人生在世，身上背的过去包袱越少越好。人应该尽力了解自己，清楚自己真正想要的是什么，而可以舍弃不要的又是什么。

马里诺夫说，"套用我的加拿大同事彼得·马奇（Peter March）的话来说，'这种治疗适合神智清楚的人'。我认为，这包括所有人。不幸的是，很多时候，心理学家或精神分析学家，在病人一踏进诊疗间，就试图从病人身上的症状或混乱情况归类于哪一种病因……即使我们有各式各样的缺点，也都应该被接受。没人有正当理由把这些缺点当作不正常（完美才比较接近非正常状态），也没有理由断定我们永远无法改变。苏格拉底说，未经检视的生活，是不值得过下去的。不断地自省与追求自我成长可以说是他所推崇的最高使命"。

32.

唯一会干扰学习的，就是所受过的教育。

随着信息爆炸，各种领域的新知不断更新，人们也被推着必须时时充实自己才能跟上时代。然而，不能只是为了获得知识，理解与解决问题的能力更为重要。

断定一个人聪明与否并非由脑中累积的资料多寡而定，而在于他是否拥有解决不同问题的能力。

最新一代人受的教育是靠记忆，缺乏在真实世界中的实务演练，当这些人走入社会，会发现自己能力不足且毫无招架之力。当个有弹性且吸收力强的人，以适应各种不同状况，随机应变的能力实不可或缺。

世道变化之快，人们有时甚至必须摒除从前的旧习惯，抛弃已经不适用的想法。

为了学习新知识或技能，忘掉过去所学也是必要的。这并非倒退，而是有本事抛下无用的重担往前迈进，清空行囊中多余的重量，消除那些对自己无益的信念、偏见或者想法。

就像禅语故事中，师父不断往杯里倒茶直到水溢出来的故事也让我们知道，要学习新知，清除掉无用的旧知也是十分重要的。

33.

人类应该不计一切
代价地付出行动。

所有充满企图心的计划都要求人远离舒适圈。世界不停在改变，人也应该顺应情势。新时代的领导者不会坐着发牢骚，而是寻求解决之道，提供其他方案，并且立即采取行动。

然而，与常规不同，跳脱原本熟悉的环境而另行采取其他方案，通常会令人感到害怕。

针对这一点，乔·迪斯彭扎（Joe Dispenza）说，当人想要跨越一条河时，会面对两种危机：

1. 其他人。别人不喜欢我们改变，就算是为了求生存也一样。他们已经习惯我们原本的模式，若我们不像他们原本认识的那样，他们会感到无法掌控。于是，当我们准备游向对岸时，他们会呐喊要我们回头。所以，一旦你准备好要改变，就不要听从他人的建议。
2. 自己的恐惧。迪斯彭扎说，改变就像横跨一条冰冷的河。很多人跳进河里，游到中间时大叫："哇！好冷啊！"然后又回到原点，回到原本的舒适圈。没有人跟我们保证过改变会很方便舒适。所以，第二条守则是，一旦决定改变，别听从自己的恐惧。

总结来说，一旦知道该怎么做，就请毅然决然地跳进水里并一鼓作气游到对岸。到了目的地，你再来听别人的说法或者分析情势。别回头，也别让自己溺死了。

34.

疯狂就是反复做同一件事,却奢望会有不同的结果。

人时常抱怨世道不公、时运不济、眼前充满阻碍，将许多悲惨经历都归咎于他人。然而诚如甘地（Gandhi）所说，"你必须成为你在这个世界上所希望看到的改变"。也就是说，解决问题之道就是你的内心。

生物化学家马蒂厄·里卡尔（Matthieu Ricard）放下原本在法国巴斯德学院的工作，去喜马拉雅山旅行成为佛门弟子。他认为头脑可以经过训练，改变习性，活得更自在，在人生中寻回内心平静和自我实现。

里卡尔强调，追求快乐跟追求其他事物一样需要努力，无论是费体力还是脑力。他参与了威斯康星大学的研究，从几篇研究论文中可以看出，他是世界上最快乐的人之一。而这样的结果得益于他对自己持续进行的身体上、头脑上和情感上的训练。

他表示："对头脑的训练基础是，两种相反的想法无法同时存在。你可以由爱生恨。但是你不能同时又爱又恨，同样地，没有人可以既想伤害人，同时又想帮助人。"

若时至今日有些事情不符我们的期待，可以想一想，是我们什么样的行为造成了什么样的结果。爱因斯坦说，唯有改变我们做事的方式，才能得到不同的结果。从实验中发现错误，结果必有其因。

事实上，对有企图心的人最好的建议是，看看那些不需要靠他人就获得成就的人。问问自己，他们做了什么是自己没有做的，然后立即付诸行动。

单调孤寂的平静生活
能激发出富有创造力的头脑。

35.

据说阿波罗计划尚在进行之际，也就是在 1969 年阿姆斯特朗（Neil Armstrong）、科林斯（Michael Collins）、奥尔德林（Buzz Aldrin）等航天员完成登月任务而达到巅峰之前，美国总统到美国太空总署做了一次无预警的造访。

内部人员忙着通知所有计划主管为肯尼迪总统做进度报告，总统坐在接待室等候，在那里有个位阶低下的门房正在努力把柜台擦亮。这显然是个既单调无聊又少有回报的工作。

肯尼迪礼貌性地问了他一句："您负责的工作是什么？"

"我协助人类飞上月球。"门房骄傲地回答。

这则小故事透露出当时这整个团队是如何全心全意将任务视为己任，连组织中从事琐碎事务的低下阶层的人也不例外。

很少有人将公司的事当作自己的事一般在推动。很常见的说法是，"反正，我领的薪水也少得可怜……"于是，我们也一事无成。

任何工作中，若团队成员不把计划当作自己的事，像那位美国太空总署的门房一样，那么成功是不可能办到的。俄国著名戏剧和表演理论家康斯坦丁·斯坦尼斯拉夫斯基（Konstantin Stanislavski）曾令舞台艺术产生变革，他说："世上没有小角色，只有小演员。"

知识分子想尽办法解决问题，天才则是直接躲开问题。

36.

他人是我们的一面镜子，我们与所在乎的重要人物的关系则直接决定我们怎么看自己，以及对外界的感受。这样看来，想要过得幸福快乐，建立良好、有建设性的关系就显得刻不容缓了。

然而，在生活中让我们屡屡受挫的冲突，也正是源自于与人的关系。

以下是一些建议，让我们无论在任何环境中，都能够在人际关系中避开口角，建立良好关系：

- 认真倾听。别只是做做样子。集中注意力听人说话，只要你问得对，人人都会有有趣的内容可以说给你听。而让说话对象对你产生好感的技巧便是记住他们的名字和兴趣。
- 说话之前三思。下任何重要决定之前，就算发言或行动时间已经到了，仍要拿出时间思考和评估情势。更重要的是，别在情绪激动时下决定。这个建议可以让人避免许多误会纷争和后续的负面效应。
- 以亲切的态度说教。当个有礼貌、有教养且懂得感恩的人。身教重于言教，若希望得到信任，人首先应该相信自己，然后才能够显出值得信赖的样子。依据皮格马利翁效应（Pygmalion Effect），人会受到周遭他人的期望而影响自我表现，充满感情的声调是有感染力的。

我没有天赋异禀,顶多是好奇心比别人旺盛。

37.

1952年，爱因斯坦写了一封信给他的传记作家卡尔·泽利希（Carl Seelig），而标题的这句话便是出自这封信。信里面他还提到，丰富人们生活和往前迈进的驱动力就是好奇心。然而，人们却一直不够重视这一点。

孩童因为好奇而学习，他们会探索并吸收周围的一切。可惜的是，随着年龄增长，由于教育和一成不变的常规让人渐渐失去这份天生的动力。为了证明人类史上的大发现都应归功于好奇心，马丁·塞利希曼（Martin Seligman）和克里斯·彼德森（Chris Peterson）针对这些大发现做了一项研究，结论是透过好奇心，在探索的过程中会带给我们快乐与满足。

在社会上，就是这种探索与改革的能力让我们在各方面都能取得进步，即使面对各种阻碍。依据1996年发表在《心理学与老化》（*Psychology and Aging*）期刊上的一项研究显示，在成年之后，显得拥有更多好奇心的人，无论体能如何，通常都较长寿，身心状态也比其他人好很多。

拓展好奇心让人在学习上更为通透，即使年纪大了也不例外，因为头脑变得更灵活了。

以下是几个用来增强这种能力的技巧：

- **每天来点儿变化。** 这种变化可以是你每天走回家的路，或者早餐吃的谷片种类、用哪一只手刷牙、作息时间，等等，只要打破生活惯例，就能让你的生活多姿多彩。
- **做研究。** 即使面对小事，仍不忘抱着孩童般的好奇心，问问"为什么？"在今日世界，我们手边不乏能提供答案的工具，尤其是浩瀚的网络世界。
- **时时学习新事物。** 建立新的嗜好，面对挑战。不要让自己定型。学学做一道新的菜肴、试试一种新运动、学一种新语言，等等。

迈向素食是增加生物幸存可能性的首要途径。

3

素食者常得接受人们问类似"你不吃肉也不吃鱼喔?""你这样不会贫血吗?""那你都吃什么啊?"等问题,尤其是在提供餐点的社交场合。素食或者纯素食者(不食用乳制品和任何动物产品的人)的饮食不但引人注目,也让人感到奇怪,然而事实上,在许多文化中,这样的饮食既基本又自然。

我们就是我们吃下的东西,食物不只影响身体,连心智与情感也一样。多花些心思关注桌上的菜,是对有情万物存着善心与尊重,在这条路上当个有权选择的人。

史上有许多名人都是素食者,例如:从苏格拉底、艾萨克·牛顿(Isaac Newton),直到爱迪生和爱因斯坦,中间还跳过了亨利·福特(Henry Ford)、马丁·路德·金(Martin Luther King, Jr.),还有达·芬奇(Leonardo da Vinci)。[1]

那么,到底为什么要吃素呢?

1. 健康。素食饮食富含纤维质和抗氧化剂。远离饱和脂肪和胆固醇,对心脏有益,也让身体少吸收毒素,让人精力充沛、增强免疫力。预防肥胖,素食者的体重通常都在标准范围内,他们可以轻而易举地保持好身材,因为这样的饮食基本上是低脂且低热量的。
2. 根据环境保护协会(EPA)所做的研究,环境中百分之九十五的致癌物质,包括农药残留、激素、重金属等,都来自红肉、鱼肉和乳制品。
3. 为了这样的因素,很多人,特别是医生,为了抵抗癌症或者阿尔兹海默症,开始转变为纯素食者。
4. 帮助地球。提到有害气体对温室效应的影响,很少人会想到何者为主要的污染源。根据环境保护协会数据,光是美国农场,每天就会产生200万吨粪肥,这还没计算这些动物所产生的甲烷。
5. 终止饥饿与贫穷。新近的研究显示,农场用来喂养肉食动物用的植物性蛋白质,足以养活全中国和印度的人口。

---

1 并没有文献证据可以证明苏格拉底、马丁·路德·金与爱迪生吃素。牛顿晚年身体状况欠佳,在医师的建议之下"尽量"不吃肉类,但在这之前,他并非素食者。爱因斯坦死于1955年,但在1953年前他都是地地道道的肉食主义者。——原编注

39.

我花上好几月好几年在思索,十次有九次得到错误结论,只有百分之一猜对了。

有人问已成名的发明家爱迪生，为什么可以越挫越勇，没有在失败中打退堂鼓。他回答说："我没有失败，只是发现了九百九十九种不适合制造灯泡的方法。"

我们虽然不是物理学家也不是发明家，然而有许多情形必须坚持到最后才能成功。

- **追寻真爱**。在找到与自己灵魂相契合的另一半之前，大部分人通常会先遇到不适合的伴侣、不尽如人意的恋爱经历。这需要从错误中寻找真相的实验精神。
- **投入能实现自我的工作**。人们同样会先有许多令人不太满意的经验，直到最后终于找到一个适才适性、让自己能大展所长的工作环境。
- **发掘热情**。很多人到了年长后才猛然发现可以激发热情的嗜好，例如弹奏某种乐器，而这样的嗜好可以陪伴他一生。

所以，当我们人生中的灯泡一次又一次熄灭的时候，不必烦恼，早晚会有一盏发亮的灯泡出现。

我们不能用制造问题时的同一水平的思维来解决问题。

40.

讨论横向思考这个概念时，最重要的人是马耳他作家爱德华·德·波诺，在他的作品《六顶思考帽》(*Six Thinking Hats*)中解释了自动化思考和水平思考的区别。

"有一种思考是随时都在运作中的，用来走路、说话或呼吸。讲电话或者过马路，我们在重复的日常琐事中来来去去。走路时，不需要想下一步是哪一脚应该往前，也不需要思考怎么呼吸。这种自动思考有恒久的机制支持着。然而，也有另一种思想的存在，是更深思熟虑且需要集中精神的。自动化思考是用来让生活中的例行步调环环相扣，然而另一种思考则是让事情做得更好，不仅是为了一个个相连接的动作或者举手之劳。每个人都会跑步，但是田径选手是用刻意的方式在跑步，训练的用意即在此。"

41.

脑力的发展应
始于出生之日，
终于死亡之日。

依据西奈山伊坎医学院的一项研究,压力会让大脑负责学习的部分,也就是大脑神经元的"突触"或神经元之间的连接萎缩。

换句话说,因年龄增长而丧失学习能力与压力直接相关。这也是为什么有的六十几岁的人能上大学,却有五十几岁的人已经被老年痴呆症缠身。

"我们假设这些大脑神经元会随着年龄而改变,然而经验思路中的突触若失去灵活性,对年老的认知损害则有重大影响。""对年长者有一件重要的事是,经验永远存在",因为"那是很稳定的连接"。

也就是说,我们的大脑一直都在工作,不断传递接收到的信息,但是我们的人生或者我们怎样过生活,决定了这些信息是否会在新突触中被转译。这些发现为人类想要谋求如何保护大脑不受损害,诸如阿尔茨海默病等病症的解药,指引了一条明路。

此外,以色列海法大学的研究发现让人跌破眼镜,成人学习新的语言是完全没有任何困难的。因为成人理解新语言的文法并不吃力,然而问题在于,成人忍受批评或者被纠正错误的能力较差,这种随年龄增加的爱面子问题才是成人学新语言比小孩慢的真正原因。

42.

提出新问题、新假设,
从新角度切入老问题,
为科学创下新里程碑。

用不同角度切入问题能让人从任何困境中潇洒脱出。有许多不同的练习和技巧可以助人激发创造力，发掘各种可能的答案。以下分别是个人与团体的两种技巧：

心智图：这一方法的发明者是托尼・布赞（Tony Buzan），这种方式用来以个人方式探索问题，激发想法以解决问题。步骤如下：

1. 在一张纸中间用一句话或图案描绘问题。
2. 从中心点画出往四周射出的分支，写上所有相关的问题或主题。
3. 不经思考，自动以字词或图案与这些分支主题连接在一起。
4. 研究这些分支和最后呈现出来的结构，用来得到具体行动建议的灵感。

团体技巧：想法风暴。这种方法是以团体方式得到各式各样的想法，借以分析和解决问题。步骤如下：

1. 决定团体合作的时间长短。有四项基本规则如下：不可互相批评、任何想法都是受欢迎的、出现的想法越多越好、建议将现成的想法加以联想或做进一步延伸。
2. 参加者就问题或主题，随意说出脑中想到的任何连接，不需要符合逻辑。
3. 在这些想法旁边加注如何改善，或者如何完成。运用简洁的字词，例如减低、替代、组织或转换等。
4. 在时间快结束之前，小组要评估所有的想法，决定哪些较可行，并探讨如何付诸实行。

43.

别期望别人带给自己幸福,
因为他人不一定永远如你所愿。

前文提到过的皮格马利翁效应，是在 1968 年由美国心理学家罗伯特·罗森塔尔（Robert Rosenthal）与莉诺·雅各布森（Lenore Jacobson）验证提出的。

这个理论提到，人如何看待自己，其实受"周遭的人怎么看待自己"的影响非常深。

罗森塔尔与雅各布森实验的起因是一则希腊神话，雕刻家皮格马利翁雕刻了一尊女人的雕像，却爱上了她，最后爱神维纳斯赋予了雕像生命，让他们可以幸福地在一起。

我们是社群动物，在人际关系中，会不自觉地响应四周人对我们的需求与期望，程度之深会令人误以为我们原本就是如此。

也就是说，若有人断言："阿瑟是个坏学生。"最后阿瑟必定成为坏学生。这个理论已经在无数的学校、社交场合或职场实证过。这意味着，对待某人的方式事实上制约了他，也同时制约他周围的人。我们对他人的印象其实大多只是道听途说。

幸而，正面的期待同样也会感染人。

重要的是应该去了解皮格马利翁效应怎样影响人，学会不受他人的期望所限制，掌握自己的人生。

假若爱因斯坦在求学时代被断定自己在语言上缺少天分，就自卑受挫，也许根本无法凭着努力最后进入大学。

对于无法符合自己和他人期望的负面经验与恐惧，限制了我们追求人生的梦想与目标。因此，应该学会不对人抱存特别期待，或奢望尚未发生的事物。别因事情的发展不如预想就妄加评断，而要试着去拥抱人或事物原本的真实面貌。

世上少有心口如一的人。

有主见是真诚可靠的标志，这种特质与学习他人或者跟随崇拜的典范学习并不相抵触。简单地说，他会留心自己做的决定和行为，并会负起后续的相关责任。

根据心理医师恩里克・罗哈斯（Enrique Rojas）的说法，真诚的人心中自有一把尺，无论是在思想、说话还是行为等各方面，会为自己的言行一致、里外合一而奋战。这样说来，真诚的人是按照心中所想的方式过活。这跟双面人或者有两套标准的人刚好相反。

44.

这种人正直、富有责任感，当社会的大环境放纵，众人容许恣意妄为、集体沉沦，爱做什么就做什么，世俗强调活在当下，什么都不必想太多，这种人却胆敢与众不同，拒绝同流合污。

这样有主见的人单纯自然，既不攻心计，也不懂伪装，只显现出真实本我。能够做到这一点并不容易，行事简单朴实其实需要透过努力并有恒心地谦卑学习。

据这位心理学家的说法，可靠的特质包括如下几点：

- **不自我欺骗**。为人直爽明朗，行事光明磊落。一出口必然是自己真实的感受，表现坦然且勇于承担。
- **将事实真相放在首位**。真诚可靠的人不会指鹿为马，能够不随波逐流，
- **扮演中流砥柱的角色**。说谎、多重人格、倒戈易帜或者散播恶意谣言，都不是他肯做的事。
- **消除矛盾**。没有冲突就没有个人进步，碰上的阻碍难题仍需要努力去铲除或磨平。迈向成为真诚可靠的人，这并不是一条康庄大道，而是如一座需要攻顶的山头。然而，最后的报酬是得到真正的快乐。
- **确知该往哪里走**。在不同状况中，永远清楚哪里是心中的正义指明的正确方向。判断的依据来自内心标准多过外界。不受外界压力撼动，也不道听途说，不会因为众人或数据都这么说，就认为事实如此。
- **为人正直**。避开外表是一套、内心是另一套的做法。懂得如何捍卫信念与价值，无论会惹人厌、政治不够正确还是不符合潮流，依旧勇往直前。正是这种人伟大和苛求之处。

忠于自己的立场和真实想法，不在乎别人怎么想自己或在自己背后说些什么，这会是一条漫长又遥远的路，却可以因保持自我内外合一，而带来内心平静、自主与快乐，致力于做认真而有意义的事。

45.

人人都懂得修整花朵,却不懂得也该修剪自我。

自我是主体的保护机制，确定生命不受威胁。然而，当首要目标达到了，自我接下来会追求的目标就是舒适的生活。为了达到这个目标，会把自己的需求和欲望摆在别人的需求和欲望之前。

因为这与生俱来的机制，自我并无法连根拔除，然而我们仍旧可以设法控制它，让它成为人生的好伙伴，而非主宰者。

越南的一行禅师（Thích Nhất Hạnh）说："傲慢或没道理的优越感是两种自我欺骗的方式。傲慢的人欺骗自己是更有能力、强大、正直、受欢迎或者更有吸引力的人。"然而，并非只有傲慢的人有这种问题，自卑的人同样也有。因为，这两个方面原本就是一体两面。概括来说，这两种人都过分关注自我。

一行禅师认为可以透过培养谦逊与公正的特质，来对付病态的自我。也就是说，要能够平静节制地评断事物，让生活远离负面情绪，例如仇恨。"培养道德情操让我们不因过分自我，而将自己与他人隔离，活在充满厌恶、仇恨、沮丧和焦虑之中。"

以下是几项削减自我的技巧：

- 不要怀恨在心。降低看事的严重性，因为如果你想要觉得受冒犯了，任何小事都可以让你找到借口。
- 谁才是对的？世上不存在绝对的真理，别白费气力想要在言语上占上风，盛气凌人，应学习理解别人的观点。
- 放弃荒谬的企图心。人生重要的是自我成长，每天都有进步。而非从事什么工作，开什么样的车。
- 解放自己，不需要处处讨人喜爱。将舆论置之度外，依着发自内心的热情过自己平静的生活。

46.

上帝总是选择
最简单的道路。

百年前，梭罗（Henry David Thoreau）和建筑大师高迪（Antonio Gaudi）都传递过同样的信息——简单生活，将人生的场域从战场上转回。梭罗在瓦尔登湖畔两年多的独居生活，令他深切体认自己成了大自然的一分子。高迪则是从身边的大自然，诸如树木、花草之中，撷取建筑作品的灵感。

梭罗说："当人已经获得生活所需，在他面前有两条路，一是跟随世俗花些不必要的开支；另一则是人生中的冒险之路，开始解放自己，学会过简约生活。"

从梭罗留下的佳句可以看出，这位沉浸在大自然中的人，提出的教导是多么纯净。"我步入丛林，是因为我想过步调缓慢的生活。我希望活得深刻，并汲取生命中所有的精华。放弃那些并不属于真实生活的部分，以免在生命终结时，发现自己从来没有活过。""大部分奢侈品或者那些所谓舒适生活的必需品，并非不可或缺。反而是人类性灵提升的一大阻碍。"

避免背负债务，只需靠着基础的必需品过活，最重要的是，不要浪费时间获得自己根本不需要的东西，能做到上述这些，就等于走在简朴大师所指引的道路上了。

47.

觉得自己与他人生活都没有意义的人，非但不幸福，连活下去都成问题。

心理学、社会学兼人类学家奇克森特米哈伊（Mihaly Csikszentmihalyi）因提出"心流"理论而闻名。他以心流概念阐明，当人全神贯注地投入某种活动时，是最快乐的。这是每个人多少都有过的经验，其特征是我们会以自发的动机沉浸在此类活动中，在过程中感受到自由快乐。

也就是说，这是人让自己陷入某种活动中而无法自拔。浑然忘我，时间飞逝。所有的行为、动作或思想，都被此活动诱发而源源不绝地自动涌现，仿佛在弹奏爵士乐一样。你全心全意地投入，将潜能发挥到极致。

能够达到这种境界，挑战的难度与能力之间的平衡非常重要。实时的反馈，还有动机都是关键，反映出一般人在工作或休闲时有所不同。

"快乐取决于经验，而经验取决于所做的事。因此，当我们分析人类的行为时，会发现一件有趣的事，人类现今的行为仍和几百万年前的狒狒没多大差别。"

通过冥想或瑜伽培养专注力，可以增进我们获得心流的能力。在心流的经验中，人将发自内心的全副精神和注意力集中在自发决定的计划或目标上，自觉值得热情投入，该活动是自己选择的生活，进行活动中的每一刻都会带来无比快乐的满足。

48.

只有接受
自己的界限,
才可能超越。

天主教本笃会修士安塞尔姆·格林神父（Anselm Grün）是现今知名的心灵大师之一，在他的著作《健康的界限，自我保护策略》（*Límites sanadores, estrategias de autoprotección*）中谈到了这个概念。

格林神父认为，人应该知道自己的界限在哪里，并谦卑地承认自己能力的底线。认清自我界限，觉察真实自我，适性发展，不苛求自己，不勉强自己模仿或者成为另一种人，因为那与此时此刻的自己根本不相符。

格林神父认为，接受自我界限能够助人建立健康关系。懂得说"不"，无论在何处都适用，人们越是以诚相待，越能获致丰硕的人际关系。

对这位神职人员来说，现今的文化是对工作、消费、负债、成功和权势上瘾。我们不断与别人的能力较量，活在极度自我苛求的压力之下。在这当下，我们是以别人可以达到的境地来要求自己，以他人的情况和条件当作驱使自己向前的动力，因此不断受挫。

回顾爱因斯坦的名言，只有为自己标定界限，找出自己的强项与弱项，才能超越。并非为了与他人一较高下，而是超越自己，发掘扩展心中那道疆界的可能性。

对我来说,
敲锣打鼓的美德,
倒不如沉静的恶习。

有一则故事是这样讲的：有一天，两名和尚在寺庙的园子里一边走一边谈话。其中一位看到眼前路过潮湿小径的小蜗牛，便停下脚步避免踩到它。他用手指轻轻夹起蜗牛，温柔地看了它一眼。和尚自喜没有打断它的生命历程，然后把那只迷途的小家伙放在一棵新鲜的莴苣上。

他面带微笑，以为会得到同伴的赞赏，却看到身旁的和尚对他挑眉怒目而视。

"太大意了！你看看，为了救一只小蜗牛，现在园丁辛勤照顾的整个菜园都有危险了。"

两人激辩起来，另一名和尚看到，走过来当和事佬。但两人仍争执不下，最后只好求助于住持。大家仰赖住持的智慧来裁决谁比较有道理。

三位和尚来到年老的住持面前，第一位和尚讲述了整起事件的经过。

"你做得好啊！这是好事。"住持回答说。第二位和尚跳脚发言。

"什么？就为了一只专门啃菜的小东西？我们应该做的是，走我们的路，不去注意是否会踩到那只不重要的小蜗牛。这样才能保全供应寺庙会众三餐的菜园。"

住持听着，摇头晃脑地沉思后说道：

"没错！这是该做的事。你说得有道理。"

原本一直不发一语的第三位和尚，这时上前说：

"但是，您的看法是互相矛盾的呀！前面两者的意见怎么可能都是对的呢？"

住持看了他一眼，思索了一下，点点头，脸上浮现出温暖的微笑，说：

"没错！你说得也有道理。"

最困难的问题总有最简单的答案
Einstein Para Despistados

50.
没犯过错的人必定没尝试过新事物。

从错误中学习是科学的基础，在学习历程中也是如此。不犯错、不面对未知，就没有创新革命。微软公司的创办人比尔·盖茨（Bill Gates）说："从错误中，比从成功中所能学习到的事物更多。庆祝成功固然很棒，然而注意失败所带来的教训更为重要。"

他在一席访谈中说到，失败是创造的原动力，因为它迫使你针对解决问题再多深思一层。

作家兼报刊撰稿人加夫列尔·加西亚·德奥罗（Gabriel García de Oro）在他的书《错误荣耀学位》（*Matrícula de error*）中谈到，正面面对并接纳自己犯的错误，更有机会把事情做到更好。以作者的话来说，"尝试错误之路是最常见的。太始之初，亚当和夏娃初尝禁果，他们就此开始进入另一个世界，学会为错误付出代价，并且流传至后代。简言之，从错误中寻找正确答案和超越恐惧犯错的心理是两项重要功课，这也是各种文化中的盲点。恐惧感只会让我们裹足不前，远离成功。然而，一旦能够超越这种恐惧感，我们不但能摆脱束缚，还会知道自己正朝着梦想的道路前进，这正是可以带来梦想中美好结果的正确抉择"。

51.

不信神就是我的信仰,这简直快变成一种新宗教了。

基本上，所有宗教都明白指出人们该做什么、该相信什么，不容置疑。但是，为什么人们不相信本我已充满神性呢？

当个虔诚信教的人与拥有神性有很多不同之处，显然，追求神性是去接近内在的最高主宰，当个虔诚信教的人代表遵从别人所设下的戒律或教条。

也许问题出在，这所谓的信仰是传统上想要强制灌输的，不容许人们去选择自己的道路。以否决其他选择的手法，压抑人自小所拥有的好奇心，随着社会化的过程人也渐渐淡忘了。人远离了自我神性，反倒去追求宗教教条。

科学家卡尔·萨根说："生命只足以在世界奇观上惊鸿一瞥，可悲的是，人们却将许多生命浪费在神性幻想之上。"

爱因斯坦针对神性坦率直言："人类对于神性的革命越有进展，我就越相信，真正的信仰之路所仰赖的不是对生或死的恐惧，也不是盲目的信仰，而是理性知识的力量。"

凡事讲求越简单越好,而不仅是简单些就好。

52.

伊莱恩·詹姆斯（Elaine St. James）在《生活简单就是享受》（*Simplify Your Life*）一书中，阐述如何摒弃生活中的复杂性，并得以享受人生。

她与丈夫开始一连串简化生活的行动,"最后,我俩了解到,这根本没完没了,也做不来,务必坐下来仔细列出两种清单,也就是可以做到的与想要做的。我们的简化生活是这样开始的,在生活中留下足够的时间和精力做对我们来说最重要的事物,摆脱其他俗事"。

她的书中引导人简化生活的步骤,包括摆脱某些物质必需品,换小房子、生活花费、活动,等等,用以简化日常生活。

迈向简化的第一步,去发掘有哪些物品或事情其实只是我们自以为不可或缺的。然后,舍弃这些所有物,分析这些花费了我们多少时间、精力或者金钱。这可以帮助我们看到什么才是重要的,投注全部精力在要事上,而非那些对自己没好处的俗事。

以下是她提供的一些简化生活的建议:

- **避免杂乱**。舍弃用旧的杂乱物品,减少清洁和购物的时间。
- **不买不需要的物品**。新物品等于清洁和维修,新衣服也一样。简化你的衣橱和家具。
- **起居只求大小适中**。寻觅小一点儿的舒适住所。
- **减少行程**。只做必要且有益于你的事。在工作的时间积极产出,在休闲的时间享受真正的放松。
- **断线**。忘掉电话、信件、电子邮件和门铃。只接见你想或该见的人,只接听你想接或该接的电话。
- **让财务健全**。结清债务,改变购物习惯,用之前一半的量生活。
- **致力于让自己快乐的工作**。找一份让你可以学习与成长,并令你可以贡献出最好的自己的工作。不要当工作的奴隶,在家工作或者至少让工作地点靠近家里。
- **练习静坐和瑜伽**。用力地笑,用力地玩。
- **做自己,相信自己的直觉**。断绝那些对你没有任何意义的人际关系。
- **享受有人陪伴,也享受独处**。

对死亡的恐惧最没有道理,因为一旦死亡,就再也不必担心出意外了。

53.

人类拥有智力以来，必须面对各式各样的恐惧，然而最普遍的就是面对死亡的恐惧。也许，唯有受过武士道信念教导的古日本武士，才得以坦然接受死亡是生命中的必然。人们大多害怕面对自己或亲人死亡的那一刻，有些人甚至因此想不开而有心理阴影。

专家表示，接纳死亡，把它当作生命很重要的一步。珍惜与亲爱的人们相聚的时刻。把握当下，不必担心未来，唯有此刻人可以感受到幸福。同样地，承认人生短暂，因此万万不可浪费生命。

对死亡的恐惧，事实上人们多少都有心理学上所谓的"死亡恐惧症"，只是程度有轻重之别。因此，在经历死亡事件之后，最好与亲人或朋友聊一聊这方面的恐惧情绪。

接纳死亡的存在，想想每人都会经历这一个过程。在一生中围绕着我们的人，会以各种方式记得我们。以某种方式来说，死亡无法抹去我们的存在，而是将我们的存在转化至另一种境界。

罗马皇帝马可·奥勒留（Marcus Aurelius Antoninus Augustus）说："不必害怕死亡，应该害怕不曾好好活过。"而摇滚乐团门户乐队（The Doors）的主唱吉姆·莫里森（Jim Morrison）说："人害怕死亡胜过怕痛。真奇怪这些人怎会怕死。生命比死亡来得痛苦。死亡来到，痛苦就结束了。"

54.

我常想不透,
究竟是我疯,
还是别人才疯得厉害?

生活教练艾琳·奥塞（Irene Orce）引用过这个流传甚广的佚名故事。有个脾气很差的小男孩，天天在学校闹事。他每每发起脾气就怒气冲天，失控的言行举止对其他孩子造成了不少伤害。

了解状况之后，有一天，孩子的父亲给他一大袋钉子，交代他，以后每次跟同学吵架或打架之后，就把一根钉子钉在自己的房门上。

第一天，小男孩钉了三十三根。钉完他也累垮了，他渐渐发现，与其回家费力气在房门钉这些钉子，倒不如控制自己的脾气容易些。之后每次发怒，他就想起钉一根钉子得费多大的劲。接下来的几个礼拜，他回家钉的钉子数量变少了。最后，终于有一天他回到家，没有在房门上钉钉子。

他已经学会改善自己的态度和行为，并对自己的成就感到高兴，于是跑去告诉父亲。他的父亲睿智地交代他下一个功课，以后每天只要没有跟同学发怒，就可以拔掉一根房门上的钉子。几个月过去了，终于有一天，男孩扑进父亲怀里告诉他，自己已经拔掉房门上所有的钉子。那可费了他一番功夫。父亲带男孩走到房门前，说道："恭喜你，但是你看看门上留下的这些钉痕。当你跟别人起冲突，因为怒气脱口而出的话，会伤人并留下伤口，就像这些钉痕一样。虽然刚开始你看不出来，然而这些话带来的伤害，就像伤在身体上一样。要永远记住，怒气会在人心中留下伤痕。"

若你想当伟大的科学家,每天花十五分钟,用跟所有朋友想法的相反角度去思考。

55.

这是爱因斯坦针对学生提出的问题所做的答复。以不同视角看世界，清除只会为人生带来复杂化的习性，专心致力于自我实现。这是能让人过着快乐圆满生活的关键，即使很多时候我们必须抵御外界的批评声浪。

众多有作为的人如大发明家或开拓者，都曾经无法见容于他们的时代或社会，他们却不畏人言，敢于与众不同。

在这方面，费尔南多·萨瓦特尔（Fernando Savater）在《对与错的人生逻辑课》（Ética para Amador）一书中论述道："人们行事应该不是靠命令或习俗、奖赏或惩罚等外在驱动力，而应是出于自由意志，发自人针对该事件的内在驱动力。绝对不要问别人，自己的人生究竟该怎么过。无论对方是多么良善、睿智或令人尊敬，这个问题只应交给自己回答。想知道怎么有效运用自由，若打从一开始就搞错方向，将之交给某一人或某些人决定，最终反倒会错失自由。反复问问自己、问问自由本身，究竟该如何运用你的自由。"

大部分人相信，智力造就了伟大的科学家。人们错了，其实是性格使然。

56.

专家研究自信特质如何形成，发现其实每个人内心皆有此潜能，是通过性格发展过程所致。天分是与生俱来的，然而能让天分开花结果其实受性格驱动，进而展示于人。

人类史上的伟大天才，少了与众不同的性格，也只能屈居别人之下。尽管列名史上能力最强的人，也是枉然。

针对这个观念，歌德清楚地说过："天分可以培养于宁静生活，性格却唯有在人生的湍急水流中造就。"

约翰·戴维森·洛克菲勒（John Davison Rockefeller）也一再强调性格对于获得成功的重要性。

"对年轻人来说，陶冶性格、建立名誉和信用是最重要的。除了做正确的事以外，更重要的是让别人知道你在做的是正确的事。所以，你所要尽力去做的，不是累积多少美金，而是建构成功的基石，也就是塑造性格，在别人眼中的职业信誉和个人信用。做正确的事，建立好口碑。"

我的孤寂生活对年轻人来说可能很痛苦，但对成年人来说是一种快乐。

57.

保罗·科埃略（Paulo Coelho）说："光明战士运用孤寂，而不会为之所困。"我们向来被教导应该寻找对象成家，才能活得健康正常，要多与同事、朋友有些社交生活。然而，自愿过独身生活却也能够带领我们从内心出发，发现新的快乐。

孤独事实上是很自然的一件事，就像某位思想家说的："最终，人总会发现自己是孤独的。"而这并不是坏事，自己就是享乐的最佳伴侣。我们谈的并不是成为深山隐士。社交生活、与人分享是必要的，然而享受独处的时光也同样不可或缺。

首先要了解的一点是，独身并不代表你有任何问题。别因为没有伴侣或者独居就有罪恶感。

现代人生活步调快速，然而，当我们独处时，可以享受自己的步调、喜好和思考。学习听听内在的声音，在平和中思考与冥想，你将发现孤独是最好的伴侣。

天主教圣师圣十字若望神父（St John of the Cross）说，孤独是最棒的事，然而对大部分人来说并非如此。人应该学会欣赏孤独，学会独处，才能成为他人的良好伴侣。

回到梭罗这位美国的先锋，他在《瓦尔登湖》（*Walden*）一书中曾这样描述孤独：

"我发现花大部分时间独处对自己十分有益。当有人陪伴，就算是最好的同伴，最后总是很快就成为疲倦或者浪费时间之源。我爱独处。没有任何伴侣比得上孤独。每当我们处于人群之中，几乎比独处于卧室之中更感孤寂。当人在思考或者工作的时候，无论他在哪里都等于是在独处。孤独并非以人与其他人之间的空间距离所决定。"

最终我们都
会得到应得
的结果。

58.

有两种人，一种是活出自己的人生，另一种只是当自己人生的观众。

很多人抱怨自己的生活，常说起自己真心想要做的事，然而，却无法动一根手指头去筑梦踏实。他们总是选择快速又简单的出路，怨天尤人却不肯奋力一搏。

若你想要改变命运，开创人生。下面这些步骤可以供你参考：

- **决定你想当什么样的人**。放眼未来，不必想你将来想做什么，而是决定自己想当什么人。将自己投入你的梦想与热情之中。
- **对自己和他人诚实**。表里合一是快乐的基石。
- **倾听，但也不要照单全收**。听取建设性的批评和他人的建议，但也别让自我设限的思想干扰或阻碍你。
- **不要屈就于任何事**。忘了眼前快速易得的舒适圈，寻找能带来挑战、学习和乐趣的事。
- **规划你的人生**。决定想投入的事业，设定短程和中程目标。规划可以达到的目标，将带着你一步步迈向目的地。

帕特里克·斯诺（Patrick Snow）在《创造自己的人生》（*Creating Your Own Destiny*）一书中写道："唯有那些看得见仍不可见之事的人，可以达成别人办不到的事。相信你所预想的未来，就是创造自己人生的关键。"

真实艺术的特征是,
创作者心中有股非完成不可的冲动。

59.

美国心理学家卡尔·罗杰斯（Carl Ranson Rogers）指出，想要激发创意有其要件。除了需要团队合作之外，更需在不受拘束、能自由表述的环境之中，让人在彼此信任的状态下，互相激发灵感。

罗杰斯认为这些是发展创意不可或缺的条件。关于激发创意方面的著作，作者不胜其数。毕加索曾说："所有创造的第一步都是破坏。"美国作家杜鲁门·卡波特（Truman Capote）则说："人人都拥有将创意发挥在工作上的能力。问题是，大部分的人没注意到罢了。"

以下是用来唤醒心中创意潜能的建议事项：

1. 换些不同口味的音乐来听，触发心中的不同感受。
2. 在你所住的城市里，找个从未曾造访的区域散步浏览一番。
3. 每天睡足八小时，梦境更是营造梦想创意的工厂。
4. 让自己身边围绕着充满创意且乐观的人。
5. 从社群网络上脱离，让自己的直觉系统接收力量。
6. 列出想法和目标的列表。
7. 读些你不熟悉的作者的书。
8. 打破某些你服膺至今的规则。

所有的科学都只不过是
精炼过的日常思考。

快乐是平衡幸福人生的关键。法国哲学家让·吉东（Jean Guitton）认为，完整人生是由爱、仁慈、勇敢、希望、谦卑、节制、简朴和忍耐等成分所构成的。他在作品中阐述，无论年轻人还是成年人，人人都需要找到那充满生命力的准则，让人看得更清楚、活得更鲜活、想得更乐观些。

罗宾·夏尔马（Robin S. Sharma）在他的书中谈如何在个人和家庭生活中发掘快乐，指出这是一种属于日常生活的智慧。"放下不得不做的事，开始改做正确的事。"

练习坐禅可以让人达到上述两位作者提到的境界，在这疯狂世界中日复一日生活，依然保持平和的心与充足的精力。这项技巧可以促进身心健康，让人在面对复杂情况时也能心平气和。

练习坐禅，在日常生活中排入静坐这项日程，目的是驯服不时窜入脑中的杂念。根据大师建议，有一个消除杂念的简单方法：当一念生起，意识到它。然而不去碰触它，不把它养大，什么也不做。当你意识到它，它已经消失了。

61. 原创的秘诀在于懂得隐藏自己的灵感来源。

建筑大师高迪对于有人批评他的灵感来源只是抄袭大自然的形体,他解释道,自己的确以大自然为师,然而,他只是尊重大自然的原始形态,以其为描摹的对象。他将树木花草动物的原始形态投入工作中,创造出新的形态。是以这些大自然原型为范例,但从不只是抄袭模仿。

对艺术家来说,从一件已经完成的创作中得到灵感并不等于抄袭,这只是挑选一个已然有正确方向的地方当作出发点,然后将其发挥到极致。

畅销作家奥斯丁·克莱恩（Austin Kleon）在《好点子都是偷来的》（*Steal Like an Artist*）一书中，搜罗所有创作者的共同点。对克莱恩来说，所有艺术家碰巧都是从其他已经存在的创作中获取灵感，而其中唯有智慧的人懂得去芜存菁，分辨哪些点子值得偷来用。

克莱恩认为，世上没有真正的原创，所有的新点子只不过是将过去的好点子重新混搭组合。因此，对他来说，艺术家就是收集好点子的人，但并非对所有点子来者不拒地当资源回收者。点子的资源回收者不懂得将资源加以区别。而艺术家懂得选择，并且只收集那些他真心所爱的好点子。

这让人联想到某个很特别的经济学理论，若一个人将五位好友的薪资总额求出平均值，得到的答案会十分接近他自己的薪资。因为人们通常都会吸引与自己相近的人。克莱恩的观点是，艺术家的工作就是汇整那些吸引自己的好点子。

克莱恩的书中搜罗以下十项原则，供创作者在进行工作之前参考：

1. 像艺术家一样懂得偷好点子。
2. 不必等到自己已经完全做好准备才开始。
3. 写出自己想看的书。
4. 双手万能，要好好运用。
5. 次要计划（与平时投入的主要计划不同）和平常的嗜好非常重要。
6. 秘诀：做好工作并将之与人分享。
7. 在网络时代距离早已不是问题。
8. 当个友善的人（山水有相逢）。
9. 要能忍受无聊（唯有这样才能好好工作）。
10. 创意是一种减法。

我从不担心未来，
因为未来总是来得
很快。

62.

无论我们如何否认，过去已经过去，成了无法改变的一页历史，而未来，却在不明确的时间轴上，没有人可以向我们保证。既然还未发生，我们自然会想把希望放在未来，好似它将会修正得恰恰符合我们的心意。然而，却时常事与愿违。

显然地，活在现代社会，时常收到含有未来概念的信息，这是我们必须学会抗拒的。这个社会诱导我们分期付款、背负贷款、超时工作以在未来好好享受，这一切都在抹杀我们的现在。

事实上，唯一的真理是，我们能造就的唯有"今天"。

亨利·詹姆斯（Henry James）在 20 世纪之初，就已向人们鼓吹这一概念。"尽全力地活吧！不做会后悔的。不论你做什么都无妨，重要的是你当下拥抱生命。你若不曾拥抱生命，那你曾拥有过什么？任何时候都是最好的时候，只要你仍幸运地活着。好好地活！"

同样地，法国作家兼道德学家让·德·拉布吕耶尔（Jean de La Bruyère）曾说过这样一句名言："孩童没有过去也不知未来，所以最能享受现在，这是我们很少能做到的。"

拉布吕耶尔在赞叹孩童活出生命之际，也道出了这个概念的关键点。唯有孩童懂得，唯一可以过得如你所想，并汲取生命汁液的时刻，就是现在。

所有伟大且具启发性的事，都出于自由工作者之手。

63.

因许多公司人事冻结，远距办公当道，越来越多人投入自由工作者的行列中，成为接案工作的 SOHO 族。

不是所有领域都可以当自由工作者，然而某些职业，特别是运用创意的这一块，却似乎已成了定律。当 SOHO 族必须自行开拓案源。也就是说，以责任换得自由。你不需依赖老板，可以自由发挥才能，然而你也多了控管财务的责任，必须有不时会超时工作的自觉性。

身为自由工作者必须付出的代价如下：

- **不稳定**。自己负责经济来源的工作，要有心理准备，有时案件多如雨后春笋，但也会有案源断绝之时，要先设想好届时的替代方案。
- **工作时数**。自由工作者按件计酬，也就是说，要知道不管是周末还是假日，无论何时都可能必须投入工作之中。
- **行程满档**。决定走上这条路的人，要懂得自己开发新客户和工作来源。你必须多与人接触，与人见面、开会、做工作计划。

身为自由工作者的好处如下：

- **自由**。自由工作者虽然必须在周末或者假日工作，然而，却可以享受到多数人都在工作时，自己放假游玩的乐趣。
- **经济**。自由工作者要懂得未雨绸缪，但是，你不会有白做的工。没有被老板克扣酬劳的问题。
- **在家工作**。只要能完成工作，自由工作者在哪里工作都不成问题。
- **乐在工作**。一切都归功于自由工作，很多人可以致力于自己真正有兴趣的工作，将自己的专长在该领域发挥到极致。

64.

信息不等于知识。

人们每日通过各种渠道接收信息，但是人们并没有因此变得更有智慧。

人类发展带来大量的信息，人类也想从这多年来的发展中获取知识，将之转化为人所能拥有的智慧。然而，信息和知识是两种不一样的概念，不可混为一谈。

首先要强调的一点是，信息可以内含于可见的框架中，然而知识却仅存于人类的头脑中，是透过一段长期经验之后，才可将信息内化而成为知识。对于某个具体事物，若不存在任何信息，人们也无法了解它的全貌进而获得知识，虽然信息与知识密切相关，却仍是两种完全不同的概念。

根据专家的说法，人们获取信息有各种不同的渠道。人在观察事物时，感官可以协助提供信息，再加上人的直觉等其他价值观。

于是，当人们认识新事物时，就是同时在接收各种信息，透过这样的过程，我们才能自然地接受它。

65.

人类的价值不在于得到多少,而在于贡献多少。

在物质主义的社会情境下，所有人都只想拥有更多，吝于付出。少有人乐于尝试付出的快乐。

单纯为了付出而付出，不期待任何回报，这并不常见。然而，随着环境的变迁，例如当天灾人祸降临时，许多社会上的有志之士渐渐在推动公益性的工作。

重点是，这样做并不是期望获得任何好处。

唯有抱着单纯之心助人，而不求回报者，才能够感受到那份助人为快乐之本的感觉。这几乎快消失的人类价值的一部分，是人类幸存的情感机制，其中充满了生命力。

人道主义者沃尔特·惠特曼（Walt Whitman）早已察觉到这点，他说："当我付出，就是在付出给自己。"知名作者纪伯伦（Kahlil Gibran）在这方面也提出了他的观点："拥有不多却能付出所有的人，是相信生命与慷慨的人，他们的米粮绝不会见空（自有天赐）。"

轻视小事的人
不能担当重任。

66.

日本经营学理论"持续改善"(Kaizan)，意指小的、连续的、渐进的改进。这套哲学理论是以"今天要比昨天更好，明天要比今天更好"为基础的。

也就是说，要时时谨记在心，任何事总是能做得更好。整个往前迈进的进程，关键在于将每一天当作改善前面脚步的机会。

看起来仿佛是很普通的概念，但是"持续改善"理论可以确切应用在人生的各个方面。

运用"持续改善"，人们可以分辨出哪些是无用的部分，进而专心致力于可以提高效率和质量的部分。它就像天然的自动选择器，帮助人不断追求进步。

努力进行"持续改善"，效果立现。当然，一旦开始走上这条路，就不可流于自满，相反地，要抱着谦逊求上进的态度。

以下提供一些在日常生活中进行"持续改善"的建议：

1. 改善饮食，摄取高质量和营养均衡的三餐。
2. 优化自己的时间，每周检查日程安排，取消非必要的约定以专心致力于优先事项。
3. 在职场上，在执行工作的成效方面设定目标，每天至少提供一项进步。
4. 在人际方面做一项简单的管控。哪些人可提高你的生活质量？哪些人只会给你带来紧张和麻烦？
5. 从个人领域下手，每周改善某个习惯或态度。

67.

科学源自一分灵感和九十九分的努力。

美国作家马尔科姆·格拉德威尔（Malcolm Gladwell）在《异数》（*Outliers*）中提出"一万小时金律"。根据这一理论，无论想在哪个领域出类拔萃，你只需要花十年时间每天练习三小时。

1973年，心理学大师赫伯特·西蒙（Herbert Simon）和威廉·蔡斯（William Chase）研究西洋棋后，得到著名的结论，想要在某个领域成为大师至少需要十年的刻意栽培。这个理论在其他学者的后续研究中，无论是运动如长跑，还是音乐等艺术方面，都一再获得证实。

根据格拉德威尔的研究，达到顶尖有两项变因：

- **环境**：这是人无法选择的，并直接影响成长过程。然而，它也会改变，并影响到个人命运。
- **天赋**：天赋是天生拥有的，但是也需要其他外来刺激，例如父母或者师长的诱导。

格拉德威尔举出许多名人为例，如莫扎特（Wolfgang Amadeus Mozart）、比尔·盖茨和披头士乐队（The Beatles），他们也都是经过了多年努力才获得了后来的成就。因此，成功的关键是锻炼天分、努力，加上全心投入。

总而言之，光是拥有与生俱来的天赋或者有幸获得天时地利人和，都不够。若没有自我牺牲精神，付出时间与努力，就不可能达到我们想要的境界。

格拉德威尔在书中提到一个实验：

"在20世纪90年代，心理学家埃里克森（K. Anders Ericsson）与同事在专门培养优秀人才的柏林音乐学院做了一项实验。通过学院教授的协助，他们将学习小提琴的学生分为特优（明日之星）、优等与平庸三组。再请学生回答同样的问题，在他学琴生涯至今，请算出总计练习了多少个钟头？

"三组学生开始学琴的年纪相差无几，大都是五岁左右，现在他们都是二十岁。特优组的学生每人练琴时间都已累积达到一万小时，优等组的学生是八千小时，而未来顶多只能当个音乐老师的平庸组学生，只累积了大约四千小时。"

我们活在多可悲的时代!
消除偏见比崩解原子还难。

68.

有一个名为《四季》的故事。故事中，某位父亲想教导儿子们不要太早论断他人。他叫来四个儿子，轮流派他们去看远方的一棵梨树。

老大在冬天时去的，老二在春天，老三在夏天，老幺是秋天。当四个儿子都去过了，他招来四个儿子，要求大家报告看到的树是什么模样。

老大说，那棵树简直让人感到恐怖，弯曲又古怪狰狞。

老二说，怎么会呢？树枝上发着绿色的新芽，感觉充满希望。

老三也不同意，他说，树上还开着花呢，香气四溢，漂亮得很。看来很受上天眷顾呢。

老幺对兄长的说法都不同意，他说，梨树看来很成熟，果实累累，是充满生命力、满足快乐的样貌。

于是，父亲开口解释，儿子们说得都没错，但是他们每人都只见了同一棵树生命中的一个阶段。

父亲进而教导他们，无论对一棵树还是一个人，都不应该只因看过某个阶段，就早早论断。人或事物的本质，人生中的快乐、收获或者爱情，非得等到所有的季节都过去了才能见分晓。

唯有尽心尽力付出的人才能掌控全局。

69.

我们在之前的篇章中谈过"一万小时金律",若再加上奇克森特米哈伊提出的"心流"理论,概念则更为清晰完整了。正因为唯有从事该活动而真能沉浸在乐趣中的人,才有办法投注如此高的时间比例。

任何能让人产生热情的活动都可以让我们体验心流。根据奇克森特米哈伊的理论,在日常生活中通常将人分为两种,一是忙不过来的人,一是自觉无聊至极的人。拥有心流经验的人应该算是罕见的第三种人。我们的问题在于,我们不知什么样的活动会让自己沉浸于乐趣,或许是因为我们根本从未费神去寻找过。那该如何发现自己正在经历"心流"呢?

- 不害怕失败。
- 忘了自我的存在。
- 思想与行动自行合一。
- 自觉正在持续学习与不断发现新知。
- 做这件事就是目的,而不需其他心理补偿。
- 有清楚的目标,知道自己该做什么。
- 对于时间飞逝毫无所知。
- 不要分心,深刻体会活在此时此刻。

找出能让我们深陷其中的活动,将会体验到快乐与自我实现。

在混乱中找到简朴、
在同调中找到和谐、
在困境中找到新契机。

70.

哲学家爱比克泰德说："如果人无法学会简化生活、调整欲望，是不可能过得幸福的。"想要得到幸福生活，务必寻回人生本质。

有许多书籍教人怎么简单生活，有三种基本的共通原则如下：

1. 减少生活中的物品和避免复杂化。
2. 尽可能以最简单朴实的方式组织规划。
3. 不浪费时间在非必要的事物上。

许多禅学大师都说，想要体验自我实现的人生，除了简化之外，还要练习专注力。将注意力集中在此时此刻，但不去评断。这种先觉可以帮助我们启动潜力、保持清醒的头脑和接纳，去面对每日生活中的自我和眼前的状况。当生活中有难处时，我们全然活在当下可以帮助我们更容易走出困境，或者发现自己究竟是哪里出了错。

能够把全副注意力都放在手上正在进行的事，活在当下，让我们可以抓住稍纵即逝的机会，在另一种懵懵懂懂状态下则很容易错过。走在一片迷雾中，怎能看清风景全貌？一面走一面睡，又有可能安全吗？

有三种阻碍看清眼前全貌的"绊脚石"：

1. 过多包袱。拖住过去，臆测未来。
2. 承诺。同时有太多的目标，要有选择性，要学会说不。
3. 沟通不良。学会倾听，无论是倾听自己还是他人，当机会来临时才能把握住。

一组桌椅、

一篮水果,

再加上

一把小提琴。

71.

人生

夫复何求?

生活中有些小事，能让我们暂时忘却单调的日常生活，沉浸在快乐之中。

送给自己一份小礼物，或者简单地花点儿时间做让自己心满意足的事，认真看待这份特权，这是快乐的人与寻常人的不同之处。那些戴着灰色眼镜看世界的人，只看得见人生中充满做不完的工作和应尽的义务。

法国作家菲利普·德莱姆（Philippe Delerm）在他的成名作《第一口啤酒的滋味》（*La Première Gorgée De Bière Et Autres Plaisirs Minuscules*）一书中，讨论了这点。带来无穷快乐的并不必然是奢华享受，有时只是用过晚饭之后在星空下的散步、早餐桌上的一杯咖啡或者一份报纸。用作者的话来说，是"在咖啡香的包围之中，与世界平和共融"。

以下这段开车之乐的描述，就足以当例证："车就像一个奇异的空间，既像迷你的家又像宇宙飞行器。在双手可及之处，放着一盒薄荷糖。方向盘之前的仪表盘上，闪着绿色的电子光点，还有冷凝的蓝色和苍白的橘色。目前还不想开收音机，也许晚一点再打开，听听半夜的新闻报道。这空间气氛怡人。换挡、转动方向盘，试一下雨刷或车窗自动升降，当然，一切都在你的掌控之下。然而，在此同时，你也能感受到车子凌驾你之上。在这片肃穆寂静之中，仿佛置身于电影院的沙发椅上。眼前就像正在上映一场电影。"

就像这趟华丽的开车之旅一样，在简单宁静的生活中，与我们心爱的人一起分享任何足以让我们发自内心微笑的快乐，更胜于身着名牌、拥有身份地位与豪宅。

在所有给自己的礼物中，很矛盾地，也许最好的礼物就是放假一天。空白的一天，没有约定、义务或任何计划，让自己可以享受当下，享受随机出现的任何一刻。

一场发表会上，
若听者都完全认同讲者所言，
那就是一场无用的发表会。

72.

批判性思考让人懂得以事实为根据、小心求证，不人云亦云，运用理性分析事物是人类进步发展的基石。翻开历史，促进大发现或者新革命的人，都是敢说敢做、不怕与多数人意见相左的人。

从生理学的角度来看，幼儿从三岁起就已开始发展批判性思考，并在一生中不断发展。学习和训练逻辑、言语表达、推理能力和专注力等，这都是人类成长中所不可或缺的。

所有人，包括成人，不论我们的年龄有多大，都在这永不间断的学习历程之中。马尔克斯（Gabriel García Márquez）曾说："我在四十岁之后所学到的最重要的东西，就是学会在该说不的时候说不。"

成人若欲发展批判性思考，必须做到的是不断检视和改变一些原本的固定模式，诸如习惯或者信念。以下是一些激发此类思考的建议：

1. 多问问题，尤其是要多问："为什么？"
2. 别想讨好全世界。
3. 投入挑战。
4. 分析周遭的世界。
5. 只要你认为时机恰当，勇于发言。
6. 离开你的舒适圈。
7. 对于自己不懂的事，不要装懂。

人类的最终课题在于扩展同理心，拥抱一切生物与大自然之美。

73.

佛教所倡导的慈悲心，即要对万物有同理心，与众生连心。对众生担负起责任心，减轻众生痛苦。以同理心冥想静坐，开始时跟一般的静坐方式一样，专注在呼吸之上，放松肌肉、放松心情……接下来，可以进展至以下几个阶段：

阶段一：观想痛苦。首先专注曾发生在自己身上的坏事，然后将关注的焦点拓展到周遭的人，然后范围越来越往外扩展。此时，观想眼前的痛苦，心中感受到希望这份痛苦消失。同步感受受苦的众生，希望痛苦消失之心。

阶段二：现在我们接收众生所受的痛苦，感受它、观想他们的脸庞、泪水，诚心希望这些人脸上露出微笑，消除带来痛苦的原因。

阶段三：更深地感受他人的感觉，体会他人的苦痛，我们诚心希望这些痛苦远离。

阶段四：最后，将这样的愿望转化为意志力。心心念念尽己之力解除众生痛苦，对所有受苦众生，全世界应展现大爱。

这项静坐练习需要二十至三十分钟，在每一个阶段中都要确实感受，不要急着进入下一个阶段。最重要的是真心感受每一个阶段的承诺，完成这项静坐之际，我们已然可以承担奉献自己去爱人、助人的佛家慈悲心。

我们应该抵制那些教导年轻人将成功奉为人生目标的人。

74.

德国著名诗人及散文作家恩岑斯贝格尔（H. M. Enzensberger）在《说诗人说谎的更多理由》(*Weitere Gründe dafür, duß die Dichter lügen*)这首诗中，质疑某些权威教导下一代错误的思想，追逐成功或快乐，而非努力。

这首诗和恩岑斯贝格尔的《数字魔鬼》(*The Number Devil*)这本书一样有名，这首诗是这样写的：

因为脱口而出快乐两字
从来不是快乐的时刻。
因为口渴的人
都不喊渴。
因为从劳工阶级的口中
你不会听到劳工阶级这个字眼。
因为绝望的人
从来不想说出这句话
"我很绝望。"
因为高潮与高潮
完全是两回事。
因为垂死的人
不说:"我快死了。"
只会发出阒然的声响
令人无法理解
因为活人
只会用可怕的坏消息
吵醒死人。
因为话总是来得太晚
或者太早。
因为说话的
事实上是别人。
永远都是别人。
被说的人
都是闭着嘴。

从昨日获取教训、
活在今日、期待明日。

75.

人类对于时光飞逝有两种极度相异的感受，其名称如下：

- **成熟**：其内涵较为正面，将生命视为学习和达到人生意义的机会。
- **老化**：含义较为负面，生理时钟的脚步无可避免，几乎就像一场失败。每个做过的决定、走过的脚步，无论是在个人的人生还是世上，都留下了记录，铸造了个人特质与故事。万事万物都有定时。《圣经》上写着："生有时，死有时，播种有时，收割有时。"

了解这一层就是成熟，学习人的存在有其责任与义务，同时也歌咏生命。

有一则关于成熟与责任心的寓言故事。某天，森林里发生大火，所有的动物惊恐万分地夺命狂奔。在半路上，却见一只小蜂鸟往相反的方向飞进森林。各种动物吃惊地看着它，不明白它怎会还往大火里飞。

终于，有一只动物忍不住开口道：

"你要去哪里？疯了吗？我们应该赶快逃离火场。"

"森林里有个湖，我想用我的尖嘴盛一些水来救火。"小蜂鸟回答道。

"你疯了。这根本毫无用处。光靠你自己是不可能把火熄灭的。"另一只动物吓呆了，这样说道。

"也许吧。但是，我尽了我的责任。"小蜂鸟自信地回答道。

76.

男人若可以在非危险驾驶的状况下亲吻女人,那是因为他根本没认真亲。

在前面几章提过"正面思维"（mindfulness，或译为"正念"），也是完全的专注，无论在生理还是心理的治疗上都已经被证实都十分有效。诸如长久不越的疼痛、焦虑、压力或者沮丧等问题。

熬夜时，我们其实等于处于睁眼的昏睡状态，对于周遭几乎丧失知觉，根本是失神的状态。练习"正面思维"静坐，可以协助人们维持清醒，重新与周遭发生的一切产生连接。

乔恩·卡巴特-津恩博士（Jon Kabat-Zinn）以"正面思维"为基础的减轻压力的疗程计划已经在加拿大推行三十年有余。根据卡巴特博士的说法，是有意识地在每个当下调整注意力。

可以从将注意力放在一件物体上开始，练习在一段时间内不分散注意力。刚开始的练习是静态的，将注意力集中在自己的呼吸、姿势之上或者注视烛光。之后，慢慢地将练习放进日常活动之中，在每个生活体验中都进行这项专注力练习。

这项静坐练习可以帮助人们头脑清明、富有观察力，让人专注当下，观察到从前视而不觉的事物。

"正面思维"可以为生命带来更多的力量，因为专注力可以带来清醒、创意、决断和理智。

人是追求利己,同时追求利益群体的动物。

77.

爱因斯坦这样说："人是追求利己，同时追求利益群体的动物。为了利己，人会为自己和家人的生存而奋斗，满足自己的欲望和本能；然而，人也拥有追求利益群体的天性，会想要得到同僚的认同与好感，有福同享、有难同当，共同追求更好的生活质量。"

在我们的社会方面和私生活方面之间找到平衡点，正是快乐的秘诀。

现在有越来越多的人独居，尽管独居可能是自己的选择，但也可能迫于无奈。

无论研究数据如何，独居或者有伴侣对于人生的影响实在难有定论。尽管美好的爱情有益健康，然而不良的感情关系也非常可能引发心脏疾病。

《让人生停止灰暗的艺术》（*El arte de no amargarse la vida*）的作者拉斐尔·桑坦德雷乌（Rafael Santandreu）指出了越来越多的人选择独居的两个原因："一是正面，一是负面。负面的原因是，很多人根本不知如何与他人同住。若要与人同住，你不能老是向人提出要求。就算你再有理也不行。若我的老婆气呼呼地回到家，摔破碗盘。我只能捡起来，出去买些摔不破的碗，准备一道好吃的晚餐给两人吃。改天，等她气消了，我会对她说：'亲爱的，我希望你不要在家里摔东西，但是如果你没办法改，我还是一样爱你。'这就是建议而不是要求。但大部分人无法做到这样，这就使二人世界往往会陷入无止境的彼此要求中。正面的原因是，很多人发现，如果不是真心想要，没必要与任何人同住，因为独居并不坏，简直棒透了，很多人独处后方知人生可以那么棒，而不需要承受许多折磨。"

78.

几乎所有行为都会影响全体人类生存,人类行为与群体动物无异。

不论是风趣愉快、讨人喜爱又有领袖气质的人，还是令人只想敬而远之的人，以上两种人自古至今皆不乏其人。根据卡尔·阿尔布雷希特（Karl Albrecht）在《社会智商：新成功之道》（*Social Intelligence: The New Science of Success*）一书中所述，"带养分者"和"带菌者"的差别在于与他人相处以及取得别人合作的能力。

心理学家丹尼尔·戈尔曼（Daniel Goleman）阐述，"社会智商"让人懂得在人际交往之中行事聪明、无往不利。除了情绪智商（EQ）外，社会智商也是人类多元智能中的一项。阿尔布雷希特这样区分两者："情绪智商与自我管理比较相关，而社会智商与管理他人较相关。"

社会智商是由心理学家霍华德·加德纳（Howard Gardner）提出的，他强调：想要在社会上或专业领域上成功，必须强化这方面的能力，了解如何与人互动，以及人际关系之间如何互相作用。

阿尔布雷希特特别强调，人的领袖魅力除了外貌与头脑，对其他人的同理心也十分重要，真诚也是不可或缺的要素，并且应该懂得改变以顺应社会环境的变迁。相反地，挫折感、自估或自责等情绪都是低社会智商的表现。

我没有比较聪明,
我只是花较多时间与问题缠斗。

79.

我们每天都要做决定与解决问题,然而,有时候难免会遇到棘手的情况,一时之间不知如何解套。

以下是可以帮助人们解除困境的一些建议:

- **综观问题**。面对难题,在纸上以简短的话写出概况,写得越精简越好,用以彰显问题的本质。
- **出去放松一下**。当你面对的问题看起来无解时,出去散步,呼吸一下新鲜空气。观察四周环境,汲取灵感,不要刻意寻找答案。花一个钟头做其他消遣,暂且抛开问题。
- **静坐**。解决之道往往会在你不期然的时候出现。
- **将问题画出来**。拿一张纸,让各种想法浮现。以各种概念、问题和答案,画出一个心智图。若对你有帮助,可以混合文字和图案。结束时,在这些信息之间找出连接,思索显现出来的成果。
- **重新开始**。假如前面的技巧并未能助你找出答案,把一切归零。忘掉之前想过的,从完全不同的角度去切入。
- **对外求助**。这些你看来无法可解的问题,在别人客观的眼中看来也许根本不是问题。向朋友或者同事尽可能概括地解释整个问题,记下他们提供的想法。

有两种东西没有止境，一是宇宙，一是人类的愚蠢。而宇宙究竟如何，我并不确定。

80.

"可以坚守愚者的岗位，干吗非得过得幸福呢？"专精哲学和心理治疗的保罗·瓦兹拉威克（Paul Watzlawick）这样说过："我们可以是自己人生灾难的制造者，同样也可以是人生幸福的创造者。"

这位《不幸福人生指南》(*The Pursuit of Unhappiness*) 的作者，在书中介绍了十四种保证命运悲惨的思考与行为模式，以反讽的方式教导读者千万别走上这不归路。作者引导我们反省自己的行为模式，找出其中有害的成分，让我们及时踩刹车，改变这些造成自己对生命有所不满的坏习惯。

列举其中几点如下：

- 紧抓着过去不放，其牢固的程度让你没有时间关心现在。
- 无论环境如何改变，心中仍百分百地确信，过去有效的方法至今依然有效。
- 在人际关系中，揣测别人的心思，并做出反应。如果可以的话，对那些有暴力倾向或者态度模糊的人，不时给些斥责。
- 排斥或者躲避危险状况，即使别人向你证实危险已经不存在。
- 告诉自己正确答案只有一个，唯有自己的意见才是对的，而别人的意见只有糟或更糟两种。
- 先给自己来个诊断或者预测内心最害怕的坏事会发生，然后相信无论自己做什么，坏事终究会发生。如此一来，你必然会走上预想的不归路。
- 相信自己遭遇的不幸，一切都是环境所造成的。总之，一切都应该归咎于他人，包括老天爷、整个世界、命运、大自然、染色体、激素、社会、父母、亲戚，特别是友人。若有人胆敢提及你可以做些什么来改善情况的话，就会让你大受刺激、火冒三丈。

我会对自己提出幼稚的问题，然后尝试回答。

81.

人们常会取笑孩童提出的问题,然而,他们提出的问题却往往比成人来得深刻,并且对真实世界进行探究,就像爱因斯坦等科学家一样。

巴勃罗·聂鲁达(Pablo Neruda)在《疑问集》(*The Book of Questions*)一书中,搜集了以天真无邪的角度探询世界成分所提出的种种疑问。

这位智利诗人较不为人所知的作品是这样开头的:

为什么巨型飞机后面,
不是跟着一群小飞机一起散步?
哪一种黄色的小鸟,
会用柠檬筑巢?
为什么不让直升机,
直接从太阳里取蜜?
哪里是月儿藏放,
装了夜色面粉袋的地方?

将我们所关心的话题拿来与孩童讨论,或者如孩童般天真大胆地提问,会是一项很棒的作业。不仅能激发创意,还有可能出现意外的答案。

宁可信其有,不可信其无,相信会带人找到可能性。

82.

人思考的过程和抉择，与其信念极其相关。哲学家伊曼努尔·康德（Immanuel Kant）指出：人需要"先天综合判断"用以了解世界。因此，每个行动与抉择事实上是依据人的信念而定。

信念有承袭而来，也有学习而来的，另有一些是与时俱进掺和进来的。某些信念协助人理解世事，某些信念却令人受限。人建立信念的能力建构了人生的框架，也决定了人遇事的反应模式。

举例来说，拥有丰盛生命的信念，会帮助人得到丰盛的生命。这种例子比比皆是，无论是被医师诊断为重症末期的病人，还是在创业初期屡屡受挫的经营者，最后能够神奇康复或者突破重围达到成功，都是借由同样的神奇魔力。保罗·科埃略说过："当你真心想要某件事实现，整个宇宙都会动起来助你一臂之力完成它。"

根据这个说法，若你至今尚未得到心中所想，终究归因于两个重大因素：

1. 你尚未下定决心，全心全意要求一件确切的事物。
2. 你被脑中的负面能量所困，碰触不到真我，阻碍你得到宇宙的助力。

83.

面临逆境正是人们展现真我的时刻。

有个故事是这样说的：一个女儿向父亲抱怨人生中充满种种波折，根本不知如何是好，她表达自己甚至想要放弃，不想再做任何努力。似乎每每刚解决一个问题，下一个新问题就又接踵而至。

她的父亲是厨师，带着女儿来到他工作的地方。将三个装了水的锅放在炉上，开了大火。很快地，三个锅里的水都煮开了。他在三个锅里，分别下了一根胡萝卜、几个鸡蛋和几颗咖啡豆。他让这些材料在水里熬煮，没说话。

女儿期待地观望，不知父亲葫芦里究竟卖得什么药。

二十分钟之后，父亲熄了炉火。取出胡萝卜、鸡蛋和咖啡，分别放在大碗、盘子和杯子中。他看着女儿说道：

"亲爱的，你现在看到了什么？"

"就是胡萝卜、鸡蛋和咖啡啊。"

他让女儿靠近一点观看，还要她用手摸摸胡萝卜。她照做了，发现胡萝卜变得很软。接着，他又要求她摸摸鸡蛋，把蛋打破看看。她打破蛋壳，观察已煮熟变硬的蛋。最后，他要求她尝尝那杯咖啡。她沉浸在咖啡温醇的香气中，低声问父亲："这些代表什么意思吗？"

父亲向她解释，三种材料遇上了同样的逆境——滚烫的热水，然而却各有不同的反应。起初，胡萝卜碰上热水时，原本很坚硬，滚煮一段时间之后却变得脆弱、容易分解。鸡蛋碰上热水之际，原本薄薄的外壳保护着里面的液体，在热水滚煮之后，里面已经成了固体。然而，唯有咖啡豆最为特别，在热水滚煮之后，水却被它改变了。

"你想要当哪一种材料呢？"他问女儿，"当逆境出现在眼前，你如何反应？你是像胡萝卜，看似坚强，但当逆境与痛苦降临到身上就变得脆弱，失去原本的坚定？还是像鸡蛋，原本有颗柔软和易感的心，然而在一些磨难之后，就变成了生硬严厉的人？外表看似没有改变，内心却充满苦水和酸楚，变成铁石心肠？还是像咖啡豆一样，最终改变了热水，改变那带来痛苦的因素。当热水到达沸点，也正是咖啡散发最佳气味的时刻。希望你可以像咖啡豆一样，当事情变糟了，你却能以更好的反应，让周遭的事往好的一面发展。"

当科技凌驾于人们的自然互动之上,愚蠢的时代便随之诞生了。

84.

这一天已然到来。新科技让我们拥抱无限的可能性。无论何时何地，我们都可以上网获得取之不尽、用之不竭的信息。于是，人们越来越习惯于时时刻刻联机，导致益发严重的网络成瘾。

根据社会学家的研究，近三年来，科技成瘾的人数已经增加百分之三十，而数字尚在持续攀升中。

随着幼儿也跟着大人玩 iPad 等平板电脑、智能型手机等，科技成瘾的年龄层也不断下降。一旦他们被夺走使用这些 3C 产品的机会，就显现出戒断症状。根据马里兰大学媒体与公众议题国际研究中心（ICMPA）所做的研究，一批年轻人在历经二十四小时脱机之后，他们所陈述的这期间的焦虑和紧张程度已经到达病态的程度。这群作为实验对象的学生显示出，在手边没有新科技产品的情况下，他们根本无法生活。

这项研究的主持人苏珊·莫勒（Susan D. Moeller）对于这群年轻人成瘾程度之深感到十分吃惊。这些年轻人甚至这样表达："讨厌失去手边的联机，因为那就像没有了家人朋友一样。"任何其他的活动或替代方案都让他们感觉无聊，因为手边少了联机装置。

这些年轻人形容一直联机的感觉是"舒服"，断线的感觉就像是"与自己的人生隔绝。虽然是跟几千名学生一起上学，但若不能跟任何人联机，我会觉得难以忍受。"

理查德·葛拉汉医师为此展开一项计划，帮助这一类的儿童或年轻人控制网络成瘾，有些幼小病患甚至才四岁。葛拉汉医师解释说，这些儿童患者被夺走科技产品所表现出的戒断症状，哭喊或者暴力的情形，简直与有酒瘾或海洛因毒瘾者所表现出来的没两样。

然而，造成这些幼童患上症状的唯一原因，就是他们从成人那儿模仿来的强迫性和病态性的行为。

85.

一天至少一回，让自己有做梦的自由。

前面几章中提过的作家保罗·科埃略曾说："梦想凋零的症状之一就是平静。生命变得像周日的午后，没有重要的事等着我们去做，没有人苛求我们给出更多。然而，事实是，在心中深处，我们明知是自己放弃了继续为自己的理想奋斗。"

1963 年 8 月 28 日，马丁·路德·金在华盛顿争取工作权和自由的游行中，发表了那个有史以来最著名的演讲，以"我有一个梦想"为起头。在那场演讲之中，他谈到自己梦想有朝一日，所有人类不分人种以平等和谐的方式共存。展开一连串人权抗争之后，这个梦想终于随着美国种族隔离主义的结束而实现。但当他那时说出这句充满魔力的话时，这件事看起来根本毫无实现的可能。

梦想能带来什么？

1. **带着我们往前迈进**。在通往梦想的道路上行驶，心中的梦想就是提供补给的燃料。
2. **指引我们自我成长**。尤其是当我们在混乱不明之时，它像指引方向的北极星，也像夜里指引船只的灯塔。
3. **促使我们付诸行动**。相信梦想会让我们不得不更卖力，却也更不费力，因为梦想令一切努力伴随着满足与快乐。
4. **帮助我们跨越阻碍**。如果这个梦想够大，动机够强烈，根本无人可挡。
5. **带来灵感与整合**。你也可以与他人共享梦想，史上有不胜枚举的例子。
6. **教导我们梦想不分年龄**。当我们知道自己要什么，把精力用在其上，就会为了完成计划感到精力充沛。
7. **让人变得坚强、有自信**。当我们的精力都花在单一目标上时，一切就变得简单多了。
8. **开拓新的领域**。所有的限制都是自己设下的。梦想的功能就是在现实的局限之中找到破绽并铺开一条大道。

尽情做梦吧！睁眼做白日梦也好，然后毫不迟疑地付诸行动。

阿尔伯特·爱因斯坦：
一位人类学者的写照

1905 年科学杂志《物理年鉴》（*Annals of Physics*）收到与大学学术圈不相干的一名读者投了一系列稿件。这名年仅二十六岁的年轻人展现出天赋异禀，发表内容涵盖光电效应、悬浮粒子的运动、质量与能量的关系，以及相对论。

这个大事件在科学史上画出了新的分界点。这位惊天动地的作者名为爱因斯坦，当时正在瑞士专利局工作，他改变了人们对于质量与能量的概念。

从丑小鸭变成天鹅

1879 年 3 月 14 日，爱因斯坦出生于德国乌尔姆镇一个犹太人家庭里。1880 年，爱因斯坦的父亲赫尔曼和叔父雅各布为了做天然气电力的生意，举家搬迁到慕尼黑，他在那里长大。一年之后，1881 年，他的妹妹玛雅诞生了。

有的人相信天才应该在童年时期就与众不同，然而，小爱因斯坦却让人看不出将来会有那么大的成就。有人说，他到了三岁还不会说话，是个孤僻的孩子。总之，据说他是个沉默寡言的孩子，比起跟同伴玩耍，他更喜欢独来独往、沉思和做白日梦。他最爱的游戏便是堆纸牌屋这类需要耐心，只需要自己一个人就可以玩，而不需要跟其他人互动的游戏。

如此这般的风云人物，很难说哪些传闻是事实，哪些只是流传的故事。总之，安静的小爱因斯坦内心的科学精神和无限的好奇心，尚未呈现在世人眼前。

他在求学阶段经历了许多不同的学校，走遍不同的城市。小学就读于一所天主教学校，中学就读慕尼黑的路易波尔德中学（1965年改名为阿尔伯特·爱因斯坦中学）。

据说，他在中学的求学历程并不怎么愉快，甚至得到几位老师很苛刻的评语，例如："这孩子将来绝对不会有什么成就。"老师们无法接受他太爱强辩，认为他不够尊重权威。在当时严格且注重纪律的教育体制之下，老师们并不欣赏爱因斯坦这种老是爱质疑一切的特质。

不论爱因斯坦在小学和中学时代的表现如何，这位被断言不会有成就的学生，最终证明自己是聪明、坚毅且能够得到好成绩的学生。

他自小就学习小提琴，对音乐的热爱承袭自母亲。母亲保利娜·科赫（Pauline Koch）就是他的小提琴老师，除了小提琴之外，保利娜也会弹钢琴。对音乐的热爱和那只小提琴，陪伴了爱因斯坦一生。他不但将自己融入音乐，也将其融入科学之中。希腊的哲学家、数学家毕达哥拉斯为了了解为什么某些音程会比其他音程动听，成了首位研究声学的人。

据说爱因斯坦除了热爱音乐是受了母亲的影响，他的毅力也是承袭自母亲的个性，这也是学好一种乐器不可或缺的特质。

后来，他的家族企业经营不善。为了缓解经济困境，1894年，他们举家从慕尼黑迁往意大利米兰。

当时，爱因斯坦还只是个青少年，理应好好继续学业。然而，他却中途辍学，离开了路易波尔德中学。据说，他是靠着家庭医生伪造的一纸证明，说他饱受忧郁之苦，需要休学调养。于是，就这样随着父母离开了德国。

家人希望他可以就读苏黎世综合技术学院，然而，少了中学毕业证书的他，还必须先通过入学考试。有趣的是，这位科学界的天才竟然在这次考试中失败了。这正说明很多时候，学校考试并无法测验出一个人的聪明才智、直觉，或者探究出人们科学的旺盛好奇心。据传，这家技术学院的主任在对爱因斯坦在科学方面的学科考试成绩印象深刻之余，仍然建议他先完成中学学业，再来苏黎世综合技术学院就读。

因此，爱因斯坦到亚劳市立中学继续学业，在1896年中学毕业。同年，他放弃了德国国籍，据推测是为了逃避兵役，因为他根本无法忍受军人的世界。他开始申请瑞士国籍，进入苏黎世联邦理工学院就读四年的科学系，准备当中学科学教师。

对世界充满好奇心

究竟爱因斯坦对于科学的热忱是如何培养出来的？在这方面，他的父亲和叔父或许都是激发他科学精神的助力。有一说，他五岁时曾因为生病躺在床上好几天，父亲送他指南针打发时间。这个永远指向同一方向的小东西，令小爱因斯坦内心首次受到一大震撼；也有一说，是他身为工程师的叔父雅各布，最早引导爱因斯坦研读科学书籍，也允许他进入自己做研究的工作场所。

归功于这样的家庭环境，让他从小建立了对科学的好奇心，对探索世界充满热忱，可以说是从小就开始自学。这样过了几年，他已经养成探究、发问与自己找答案的习惯。

如同前面所述，他是聪明的学生，表现却并不特别优异，毕竟一个人的天资或才能并非靠区区的考试可以评断。特别是，这位热血年轻人正当寻找心灵出口之际。

如此热衷科学的他，合理的出路应该是选择走入大学学术圈做研究。因此，1900年，他从苏黎世综合技术学院毕业，拿着专业数学与物理教师的文凭，走上寻求学术工作之路。然而，事与愿违，他的履历并未受到重视，接下来，他在温特图尔、沙夫豪森和伯尔尼等地方，先后担任过代课老师及家庭教师，一个接一个普通的工作。

然而，这些不顺遂没有阻挡他，毕业几个月后，并未在大学谋得职位的他，开始向《物理年鉴》投稿。

在大学时代，爱因斯坦和一位女同学谱出了恋曲，她就是来自塞尔维亚的米列娃·马里奇（Mileva Marić）。1901 年，两人未婚秘密生下一个女儿，但为了避免招人非议，两人不得不将女儿送养。两年之后，爱因斯坦不顾父母的反对，与米列娃结婚。1904 年，长子汉斯·阿尔伯特·爱因斯坦出生；之后，1910 年，小儿子爱德华·爱因斯坦出生。

科学家的完美避风港

1902 年，爱因斯坦进入瑞士专利局，在此总共待了七年。爱因斯坦很喜欢这份工作，因为这份工作需要动脑，也不会占用他做自己真心热爱的物理研究的时间。他在瑞士专利局任职期间，既没有大学学术圈的门路，也缺乏发表科学论文方面的人脉背景，但爱因斯坦却铸造出相对论，成为他在 1905 年向《物理年鉴》投稿的一系列论文之一。

这篇引发议论的论文受人关注的焦点之一，是爱因斯坦没有引用任何科学家的言论，也并没有用一堆数学公式铺陈。给人的印象是仿佛出自个人研究所得的结论，完全是个人思想的结晶，没有掺杂其他专家学者的协助或意见。事实也相去不远。

然而，当时无论物理学界还是科学领域的专家学者，对这位瑞士专利局技师发表的论文都并未赋予关注，不论他的论文价值如何，还是被冷落了。在科学杂志上发表过论文之后，爱因斯坦向大学和中学投出了履历，像是命运的捉弄般，他依然四处碰壁。

于是，他继续在瑞士专利局做三级审查员，也继续进行他永无止境的思考。即使学术圈的窄门尚未为他开启，没有可以阐释自己理论的舞台，他仍然另辟蹊径，持续前进。

通常，连续的失败打击会让人灰心丧志，然而，爱因斯坦面对失败却并未如此。面对失败时，他从错误中学习，寻找其他替代方案，不怕再度受挫或遇到阻碍，好像知道总有一天路会为自己而开。虽然中伤他的人不少，却也有支持他的追随者，如德国物理学家马克斯·普朗克（Max Planck）。

教授头衔、诗人和苹果簇拥而成的宝座

爱因斯坦的理论渐渐为他打开名声。1909 年，他终于得到了布拉格查理大学的教授职位。1913 年，第一次世界大战开战之前，他被提名为普鲁士科学院院士。之后，他搬到柏林，成为新成立的威廉皇家物理研究所所长。

由于他在 1905 年发表的一系列研究论文，爱因斯坦总是给人充满新创意的印象。也正是因为如此，他与诗人保罗·瓦勒里（Paul Valéry）之间曾有过一次有趣的对话。

据说，瓦勒里问爱因斯坦是否随身携带笔记本以便随时记下任何灵感，这也是一般文人常有的习惯。爱因斯坦惊讶地看着他，回答说："噢，我不需要。因为我很难得才会有好点子。"倘若他真的有好点子，想必那几个点子肯定都很好。

另一则有关这位物理学家的轶事，提到他某天在路上看到一位工人从屋顶上跌下来，就像牛顿一样，只不过这次不是苹果，令他开始针对地心引力展开思考。

这则传闻就像很多其他的传闻一样，都是虚构的。根据爱因斯坦自己的说法，他开始思索地心引力，没有特别的原因，就像平时一样，是坐在椅子上反复思考所得。真实情况平凡多了，却也足以显示，当他遇上感兴趣的事，会反复思考直到豁然开朗，让问题一路带领他无远弗届。

他有无比的毅力、旺盛的好奇心、大胆且不安分。这位三岁才学会说话的小孩，谁能看出他将来的本事？他的理论引发了另一个理论，最后竟然改变了人们对光以及宇宙的看法。

光量子与名声

1919年3月29日，发生了日食，让科学家有机会证实爱因斯坦好几年前提出的新物理学理论。若他的这项理论得到证实，牛顿的宇宙观将会受到莫大挑战。

这项假设诞生于 1907 年，当他正在研究推广狭义相对论的时候，对万有引力法则有了新的想法。爱因斯坦预测，光线通过太阳附近时会发生偏折。随着日食的发生，天文学家发现他的预测成真了。随着这项成就，爱因斯坦声名大噪。第一次世界大战结束了，有一大批天文学家证实了他的其中一项理论，世界开始将焦点转移到这位奇才身上。

同样是在 1919 年，爱因斯坦与米列娃离婚。几个月后，他迎娶了表姊爱尔莎（Elsa Einstein），两人膝下无子。

爱因斯坦之所以令世界感到惊异，并非相对论，或者让他得到诺贝尔物理学奖的发现，而是他演绎推论的方式，无论是光电效应，还是他所提出的众多其他物理学理论。

这篇论文名为《关于光的产生和转化的一个启发性观点》，发表于 1905 年。在论文中，爱因斯坦提出光量子（后来人们称为光子）的概念，并以其解释光电效应。也就是说，不同频率的光线照射在金属表面上，射出电子的现象。随着光量子理论，爱因斯坦为未来量子力学研究奠定了基石。

奇怪的是，虽然他解释了光子有时像粒子，有时像波。因而成为促成量子力学的启发者。然而，他自己却对此理论有所保留。他会将这一理论考虑进去，但他难以接受一个毫无超然秩序的宇宙。

据说，当有人问到爱因斯坦对量子力学的看法时，他回答说："上帝不玩骰子。"虽然提到了上帝，这句话并非如字面所指，指上帝与宇宙玩骰子。而是，他觉得"人并无法窥探测度上帝的作为，但是，若要说他用心电感应，随机创造，那我可是一点儿都不相信"。但那是题外话了。

有趣的是，随着爱因斯坦成为全球知名人物，他的理论却一直笼罩着令人难以理解的外衣。除了某些科学家对他的理论持反对立场之外，无人能够理解的说法也甚嚣尘上。

人们是怎么开始在脑中烙下这一印象的呢？现在已经难以追溯，或许《纽约时报》当时的一篇报道也助长了此风。比尔·布莱森（Bill Bryson）在《万物简史》（*A Short History of Nearly Everything*）这本有趣的书中，提到了当年的专题报道。当时，《纽约时报》阴错阳差只能派高尔夫专家记者克劳奇（Henry Crouch）做报道，他恐怕对相关理论 头雾水，最后报社也成功地让世人普遍觉得爱因斯坦的理论就是令人费解。

最后，除了高尔夫记者的错误报导之外，还传说爱因斯坦找到一家勇敢的出版社愿意出版他某本世上顶多只有十二人能懂的书。事实上，这本书并不存在，这间出版社也不存在。但是，谣言四起，有关相对论的故事也开始流传。传说，某位记者问天文学家埃丁顿爵士（Sir Arthur Eddington），他是否是世上懂相对论的三人之一。这下子，传说中的人数从十二人锐减为三人。埃丁顿愣了一下，看着记者回答说："我在想除了爱因斯坦和我之外，第三个人是谁？"

诚如之前所揭示的，关于爱因斯坦与其学说的传说比比皆是。值得一提的是，有很长一段时间，大家把"一切都是相对的"归于爱因斯坦的相对论。事实上，他不曾说过这句话，这句话根本就违背了相对论。因为相对论所持的论点是，无论观察者为谁，观察到的视界并不会随之改变。

在纳粹德国的想象力桥梁

爱因斯坦是充满想象力、创造力的人。他知道当一名优秀科学家、研究者的关键是好奇心，好奇心让人得以持续发展智慧和志向。

打从小时候因叔父给他的科学书籍而一头栽进科学的世界，爱因斯坦就开始对周遭的世界提出问题。假使他不问问题，缺少那份好奇心，也许今日这些撼动物理学界的理论都不会存在。这一切的关键，都在于观察世界，学会发问。

爱因斯坦强调，奥秘是人所能经历的最美好的事物。也就是说，人面对未知的世界应该感到惊奇，对于尚待解答或比自己更广阔难解的事物感到好奇。少了这份惊奇，就没有发展科学或艺术的能力。因为没有不安、不惊奇、不好奇，就不会提出问题，也不会有任何创作。

爱因斯坦持续对世界进行观察，沉浸在对未知世界的惊异之中。然而，现实中，在他渐渐习惯的德国社会中，却有一次严峻的考验即将成形，那就是希特勒的崛起。

在德国，反犹太的风潮逐渐成形，这足以说明为什么《一百名反对爱因斯坦的作者》(*Hundert Autoren gegen Einstein*) 这本书会出现。这本书汇整了百位科学家的意见，都是反对且仇视爱因斯坦个人及其学说，公开诋毁他的。据说，当爱因斯坦得知这本书的存在时，评论道："为什么需要一百位？若我真的错了，光是一位来说就够了。"看来，当时的德国已经开始对这位物理学家十分不友善了。

幸运的是，当纳粹在 1933 年掌握政权时，爱因斯坦正在美国加州。虽然接下来有几个月待在比利时，但他从此没再返回过德国。纳粹没收了他的财产，公开焚毁他的著作，将他彻底从各个科学界团体除名。因此，他决定到新泽西的普林斯顿大学附近的高等研究院工作。于是，他举家迁移至该处。

在特别批准之下，他在 1940 年取得了美国国籍。从德国人到瑞士人，他最后成了美国人。

为和平而生的炸弹

爱因斯坦向来反对暴力，支持维护人类尊严的体系，为和平而战的斗士。然而，当人类的尊严受到威胁，不仅是因为战争，更是为了核武威胁，他陷入了矛盾之中。

1939 年，当他的同僚之一波耳 (Niels Bohr) 发现铈与铀裂变的可能，因此，制造原子弹的可行性宣告确定。爱因斯坦接受了许多科学家拜访，谈到相关议题。

利奥·西拉德（Leo Szilard）是这些学者之一，他生怕德国抢先制造出核子武器。在此次拜访之前，西拉德早已是爱因斯坦的老朋友。就像雅各布叔父一样，爱因斯坦的发明并不限于物理学，他曾和西拉德在 1920 年申请了不少专利。其中之一是发明了不含可拆式零件的新型电冰箱，灵感来自某个柏林的社会新闻。因为冰箱封条毁损，造成有毒气体外泄，某户人家罹难。这则新闻促成了两人在电磁学方面的合作发明。

回到 1939 年，第二次世界大战正在悄然成形。了解到制造原子弹的可行性，爱因斯坦与尤金·维格纳（Eugene Paul Wigner）等科学家，拟了一封信，上书给罗斯福总统（Franklin D. Roosevelt）。他在信中恳求总统开启研究核子反应的计划，因为德国威胁日益增大，千万不可让这类致命武器落入全人类的敌人手中。

因为这些前因，以致后来世人称爱因斯坦为原子弹之父。然而，事实上，爱因斯坦曾说过，一道方程式能恒久存在，而政治只不过是过客。他对政治并不信任，也缺乏兴趣，却被卷入 20 世纪最关键且最具毁灭性的大事件之中。

最后，很不幸地，原子弹被制造出来了。日本广岛和长崎被投下原子弹后，在被这样的人间惨剧惊慑之下，爱因斯坦召集几位科学家，力图阻止原子弹再度被使用。

关于科学，他们要寻找宇宙间统一的理论；关于人类，他们开始思考需要一套统一的原则，让全人类得以享受自由、和平共存。

人类得享自由的和平社会

在追求和平方面，爱因斯坦在 1950 年 6 月 16 日接受了一次访问，收录在他《我的想法与意见》(*Ideas and Opinions*) 一书中。在那次访谈中，他提到虽然在历史中人类屡次濒临危机，但是他已经看到现在这场危机更加逼近与真实。

为了避免战争武器为人类带来毁灭性灾难，他建议建立一个合法的组织，"拥有自己的权力，用以解决国际争端，简言之，就是一个世界政府"。他们企图借此宣言，让全世界达成一项协议，维持世界和平。但是，没有人听从这一建议。

关于这一点，爱因斯坦最后写的一封信，是在 1955 年 4 月 11 日写给哲学家、数学家罗素 (Bertrand Arthur William Russell) 的。他在信中接受一份声明的定稿，就是后世著名的《罗素－爱因斯坦宣言》(*Russell–Einstein Manifesto*)。在这份宣言中，他们恳请当时处于冷战时期的政治领袖针对国际纷争寻求和平解决之道。

这两位思想家开启了一连串科学家会议，致力于讨论如何控制核子武器的危险。在宣言中也预警，辐射雨及辐射尘对于人类大灭绝的真实危机。强调避免这种悲剧结局的唯一希望就是避免战争。

天才的头脑

在签署完宣言的几天后，1955 年 4 月 16 日，爱因斯坦动脉瘤出血，两天之后，病逝于普林斯顿医院。

据说，他临终前的最后几个字讲的是德文，但是当时周围的护理人员没有人懂。因此，没有人知道这位物理天才最后的遗言是什么。唯有在病床边的桌上，放着他即将参加以色列建国纪念日所要发表的演说草稿。上面写着：

"今天，我不是以一个美国公民或者犹太人的身份演讲，而是以身为人类的身份来演讲。"

虽然他曾是家喻户晓的公众人物，但爱因斯坦清楚交代过想要私人性低调的葬礼，只需要亲人来道别即可。在大众透过媒体知道他的死讯之前，家人就先火化了遗体，以便完成他的遗愿。

然而，他的遗体并未被完全火化。医院的病理学家哈维（Thomas Stoltz Harvey）在解剖时，留下了爱因斯坦的大脑。他的用意是想要对它拍照存档、切片以便研究，进而解答这位提出多部学说，颠覆整个物理界的天才的大脑构造是否有特异之处。

许多年过去了，许多哈维取下的大脑样本都已失去踪影，时至今日，有关爱因斯坦大脑的病理学研究发表论文总共也只有六篇。

2012 年,《脑》(*Brain*)杂志刊出其中一些出自美国佛罗里达州立大学的研究。研究将爱因斯坦的大脑与八十五位一般男性的大脑比较之后,证实爱因斯坦的大脑并没有比常人大。然而,根据这位主持项目的人类学家迪恩·福尔克(Dean Falk)的说法,他的大脑比一般人有更多的皱褶。

另外一篇研究论文则指出,他的脑部下顶叶,也就是与数学逻辑思考较相关的部分,这个区域的脑部比一般人大,大约多了百分之十五。

然而,这又证明了什么?也许什么也没有。因为让爱因斯坦获得假说结论的,并非他的数理能力,而是坚毅、好奇和对世界永远感到惊异,想要去发掘的那颗心。

图书在版编目（CIP）数据

最困难的问题总有最简单的答案 /（西）阿兰·珀西著；陈慧瑛译. — 北京：北京联合出版公司, 2019.1

ISBN 978-7-5596-2538-0

Ⅰ. ①最… Ⅱ. ①阿… ②陈… Ⅲ. ①爱因斯坦（Einstein, Albert 1879-1955）－格言－汇编 Ⅳ. ① K837.126.11 ② H033.3

中国版本图书馆 CIP 数据核字（2018）第 189117 号

Copyright © 2013 by Allan Percy
Published in agreement with Sandra Bruna Agencia Literaria S.L., through The Grayhawk Agency Ltd.

Simplified Chinese edition copyright © 2019 by Beijing United Publishing Co., Ltd.
All rights reserved.
本作品中文简体字版权由北京联合出版有限责任公司所有
译本授权："台湾 晨星出版有限公司"

北京市版权局著作权合同登记 图字：01-2018-5819

最困难的问题总有最简单的答案

作　　者：[西]阿兰·珀西（Allan Percy）
译　　者：陈慧瑛
出版监制：刘　凯　马春华
选题策划：联合低音
责任编辑：云　逸
装帧设计：奇文云海

北京联合出版公司出版
（北京市西城区德外大街83号楼9层　100088）
北京联合天畅文化传播公司发行
北京富达印务有限公司印刷　新华书店经销
字数190千字　880毫米×1230毫米　1/32　7印张
2019年1月第1版　2019年1月第1次印刷
ISBN 978-7-5596-2538-0
定价：49.80元

版权所有，侵权必究
未经许可，不得以任何方式复制或抄袭本书部分或全部内容
本书若有质量问题，请与本公司图书销售中心联系调换。电话：（010）64243832